当代儒学

第24辑

主　办　四川思想家研究中心
主　编　杨永明　执行主编　郭　萍

四川人民出版社

图书在版编目（CIP）数据

当代儒学 . 第 24 辑 / 杨永明主编；郭萍执行主编 .
—成都：四川人民出版社，2023.12

ISBN 978-7-220-13209-4

Ⅰ.①当⋯ Ⅱ.①杨⋯ ②郭⋯ Ⅲ.①儒学—研究—中国 Ⅳ.① B222.05

中国国家版本馆 CIP 数据核字 (2023) 第 227041 号

DANGDAI RUXUE

当代儒学（第 24 辑）

杨永明　主编
郭　萍　执行主编

出　品　人	黄立新
责任编辑	王定宇
封面设计	张迪茗
内文设计	李其飞
责任校对	柳　畔
责任印制	祝　健
出版发行	四川人民出版社（成都三色路238号）
网　　址	http://www.scpph.com
E-mail	scrmcbs@sina.com
新浪微博	@四川人民出版社
微信公众号	四川人民出版社
发行部业务电话	（028）86361653　86361656
防盗版举报电话	（028）86361661
照　　排	成都木之雨文化传播有限公司
印　　刷	四川机投印务有限公司
成品尺寸	170mm × 240mm
印　　张	12.75
字　　数	201千字
版　　次	2023 年 12 月第 1 版
印　　次	2023 年 12 月第 1 次印刷
书　　号	ISBN 978-7-220-13209-4
定　　价	75.00 元

■版权所有·侵权必究

本书若出现印装质量问题，请与我社发行部联系调换
电话：（028）86361656

目 录

当代儒家思想探索

"功夫论"视角下的世界哲学 …………………………… 倪培民（003）
为什么"率性之谓道"
　　——关于"道"与"性"对应的人类学讨论 ………… 盛　洪（015）
新礼教，新君子
　　——现代君子人格的内涵及其养成 …………………… 胡骄键（041）
现当代儒学之"开放心灵"析论 ………………………… 李海超（065）
时间、空间与想象：历史形而上学思想演绎的三重逻辑 ……… 陈吉祥（079）
界定与继承
　　——徐复观对考据与义理的现代转换 ………………… 李永晖（098）
道心也有不善：对朱熹人心道心说的反思 ……………… 全林强（116）

比较哲学研究专题

儒家应当"保守"什么
　　——保守主义与自由主义之异同 ……………………… 黄玉顺（135）
现象与物自身的"观法之切转"
　　——在牟宗三与康德"之间" ………………………… 杨　虎（140）
超越视角下王阳明良知观与康德道德观念之比较 ………… 白义洋（153）

当代儒家文献研究

方法论的自觉与儒学史的定位
　　——读《宋明儒学之重构——王船山哲学文本的诠释》 …… 陈卫平（169）
"太极"观念的当代哲学省思
　　——《周敦颐太极图讲记》读后 ………………………… 黄玉顺（173）
方旭东新著《周敦颐太极图讲记》评析 ……………………… 孙宝山（185）

当代儒学观察家

"当代儒学情感转向问题反思"工作坊述要 ………………… 徐　玲（193）

征稿启事 ……………………………………………………………（195）

Contents

Exploration of Contemporary Confucianism

World Philosophy from the Gongfu Perspective ·············· Ni Peimin (003)

Why Is "Following Human Nature is the Tao"? An Anthropological Discussion on the Correspondence between the Tao and Human Nature ··· Sheng Hong (015)

Neo-Normative Education, Neo-*Junzi*: The Connotation and Cultivation of Modern *Junzi* Personality ·············· Hu Jiaojian (041)

An Analysis of the Pursuit of an "Open Mind" in Modern and Contemporary Confucianism ·············· Li Haichao (065)

Time, Space, and Imagination: The Threefold Logic of Historical Metaphysical Deduction ·············· Chen Jixiang (079)

Demarcation and Inheriting: Xu Fuguan's Modern Transformation on Textual Research and Argumentation ·············· Li Yonghui (098)

The Mind of the Tao May Not Be Good: A Reflection on Zhu Xi's Theory of the Human Mind and the Mind of the Tao ·············· Quan Linqiang (116)

A Special Column for Comparative Philosophy

What Should Confucians "Conserve"? Similarities and Differences between Conservatism and Liberalism ·············· Huang Yushun (135)

On the "Perspective Shift in Comprehension" from Phenomena to Things-in-Themselves: Between Mou Zongsan and Kant ·············· Yang Hu (140)

A Comparison between Wang Yangming's *Liangzhi* （良知） and Kant's Idea of Morality in View of Transcendence ·············· Bai Yiyang （153）

Research on the Literature on Contemporary Confucianism

Consciousness of Methodology and Position in Confucian History: A Review of *The Reconstruction of Neo-Confucianism: An Interpretation on Wang Chuanshan's Philosophical Texts* ·············· Chen Weiping （169）

A Contemporary Philosophical Reflection on the Idea of *Tai Chi*: A Reaction to *Lecture Notes on Zhou Dunyi's Tai Chi Diagram* ·········· Huang Yushun （173）

An Analysis of Fang Xudong's New Book *Lecture Notes on Zhou Dunyi's Tai Chi Diagram* ·············· Sun Baoshan （185）

Observers of Contemporary Confucianism

A Summary of the Workshop on the Reflection of Issues concerning the Shift of Focus towards Emotion in Contemporary Confucianism ·········· Xu Ling （193）

Solicitation Notice ·············· （195）

当代儒家思想探索

DANGDAI RUJIA SIXIANG TANSUO

"功夫论"视角下的世界哲学

倪培民[*]

【摘要】 近年来,"功夫论"成了中国哲学学术圈里的一个热门课题,但其中占主流的取向依然是把功夫论理解为中国哲学的局部课题,主要是宋明儒学当中有关心性修炼以达到天人合一的学问。本文试图说明功夫论其实是一个应该得到普遍关注的哲学论域和一个具有普遍意义的哲学视角。在西方哲学的源头,哲学也曾经是一种精神修炼,只是后来西方哲学产生了一种理性的自恋,排斥了技艺和实践智慧,以至于成了一种学院化的学术专业。纵观近代晚期开始到现在的世界哲学发展,可以看到一个虽未系统化,但已在发生的宏大的"功夫论转向"。现实世界的存在状况也迫切需要这样一个转向,因为面对科技能力的发展,人类自身的成熟已经是关系到人类可持续性的关键。

【关键词】 功夫论转向;世界哲学;方法论;儒学

近年来,"功夫论"成了中国哲学学术圈里的一个热门课题。但在中国哲学以外的世界哲学范围内,"功夫论"似乎是个不相干的,仅仅属于中国哲学圈子的局部课题;在中国哲学的学术圈里,"功夫论"也通常仅仅被看成宋明儒学当中的一部分内容。本文试图说明功夫论其实是一个应该得到普遍关注的论域,也是一个能够全面应用于各个哲学领域的视角。在世界范围内,已经可

---

[*] 作者简介:倪培民,美国格兰谷州立大学教授。

以看到一个宏大的，虽然尚未系统化的"功夫转向"。当今世界的现实状况也迫切需要这样一个转向，因为面对人类物质科技能力的快速发展，人类自身的成熟已经是关系到人类可持续性的关键。

一、对"功夫"的狭义和广义理解

在今天全世界任何一个地方，"功夫"这个词都已经是无须翻译，尽人皆知的了。当然，绝大部分人听到这个词首先想到的是"武术"，但实际上，在中文里，它的含义远远超出武术的范围。"功夫"与"工夫"互通，大致可以看作同一个概念的不同表达方式。它最早出现于东汉到魏晋时期，是指"夫役""工时"，后来又拓展到"功法""功力""功效"等，成为一个概念簇的总称。如果说要给它下一个定义，大致上可以说功夫就是"人生的艺术"。它的应用范围包含人类所有的活动，从最基本的生存技能，到最高深的精神修炼，都可以称作"功夫"。

在宋明时期，儒家学者就普遍使用"功夫/工夫"来表述儒家心性修炼的学问。也正因此，"功夫论"在中国哲学的领域通常被理解为是宋明理学当中的一部分内容，即有关心性修炼，尤其是通过对超越层面的终极实在的追求而产生精神境界转化的理论，如主敬、慎独、致良知等。按照陈立胜教授的概括，从先秦到宋明的儒学经历了一个从修身到工夫的转化。先秦儒学的特点是德性教育，宋明儒学的特点是精神操练；前者的目标是成为君子，后者的目标是成为圣人；先秦儒家对自我是"扩充与改造"，宋明则是追求"复其初"。[①]这个理解并不否认宋明的功夫论有其深厚的历史渊源，可以一直追溯到先秦，但毕竟先秦尚无"功夫/工夫"的概念。作为一种自觉的理论，它是到宋明才形成的。在儒学界，这样的理解总体而言一直是主流。这一点可以从网上检索的大数据得到清楚的证明。你如果检索"功夫论"或"工夫论"，结果十有八九是宋明儒的工夫论，如朱熹、张载、张栻、王阳明、阳明后学、王夫之、王船山等有关心性修炼的论述。

---

① 参见陈立胜：《从"修身"到"工夫"：儒家内圣学的开显与转折》，台北：台湾大学出版中心，2021年版。

但由于"功夫/工夫"概念本身要比宋明儒所集中关注的心性修炼功夫要广义得多，也有一些学者在更加广义的范围内理解"功夫论"，认为功夫论本质上是有关修身求道的学问，所以它是儒家思想乃至于整个中国传统哲学一以贯之的特点。劳思光先生就曾说，"儒学本来的艺术不在于'你知道什么'、'你能说什么'，而在于'你能成为什么'"。"儒学基本上想做两方面的工作：一是自我成为什么，由如此境界的自我转换成另一种境界的自我，也就是自我转化（self-transformation），这就是成德之学；二是社会要成为什么，这就是'教'的问题，要讲'立教'。……这些东西合起来，用传统的字眼来讲就是宋明儒的工夫论的问题。"① 按照这种理解，功夫论不只是与形上本体有关的心性修炼；它也包含了读经、循礼等其他身心的修炼，甚至包含社会的教化；宋明儒的工夫论本质上就是传统儒学的成德立教。因此虽然"功（工）夫"概念到汉魏时期才出现，到宋明时期才广泛用于儒学的心性修炼，我们有理由把它回过头来用于先秦儒学，把《大学》中所列举的"八条目"（即"格物、致知、诚意、正心、修身、齐家、治国、平天下"）的所有内容都看作与功夫论相关，并围绕功夫论而展开的。在这个广义的"功夫"概念下，宋明的心性修炼理论与先秦的德性培养理论都只是功夫论的特殊形态，本质上是一个难以分割的连续统。

当然，狭义功夫论的观点有利于区分先秦与宋明儒学的不同特点，广义功夫论概念则有利于理解先秦与宋明儒学的共同之处和前后的承继关系，可以说是各有其利，但两者的兼顾完全可以通过在论及狭义功夫论时加上修饰词"宋明功夫论"或"心性本体功夫论"而成。其实，宋明儒所说的功夫不仅仅限于心性本体的修炼，而是包括所有"操存""涵养""体验""扩充"的自我提升，而先秦儒学也包含了有关心性本体修炼的内容。这正是宋明儒都推崇诞生于先秦的"四书"的根本原因。如朱熹所说，"圣门日用工夫，甚觉浅近。然推之理无有不包，无有不贯，及其充广，可与天地同其广大"②。朱熹

---

① 劳思光：《从唐君毅中国哲学的取向看中国哲学的未来》，选自郑宗义编《中国哲学研究之新方向》，香港：香港中文大学新亚书院，2014年版，第6页。
② 《朱子语类》卷八，选自《朱子全书》第14册，上海：上海古籍出版社，合肥：安徽教育出版社，2002年版，第276页。

的功夫论正是孔孟"日用工夫"的推进。值得深思的是，在王阳明等看来，朱熹的毛病也恰恰是在他"推之理"的道路上走过了头，把"理"变成了外在抽象的实体，从而脱离了具体的功夫之本。

二、作为一个论域的功夫论

上述广义的功夫论首先意味着"功夫论"是一个论域。这个论域总体而言是关于功夫，即生活艺术的探讨。就像"真理"是认识论的核心概念，"实在"是本体论的核心概念，"善恶"是伦理学的核心概念，"功夫"是功夫论的核心概念。

具体而言，"功夫"概念大致包括"工夫""功法""功力""功效"四方面的内容：①

"工夫"，指生活（包括修炼）的实践和努力，以及代表了实践和努力的时间——工时。

"功法"，指生活的方式和风格，或曰"生活之道"（way of life）。它可以"外体化"为技术或规范、体制。

"功力"，指生活的本领、能力、才艺、造诣。我们通常说某人功夫高深，就是这个意思。它包括人的成熟度，人的体身化了的知识，尤其是技能之知和动力之知。

"功效"，指工夫、功法和功力所能导致的效果和所欲导致的目标或者"境界"，包括善和美的价值。

这四个方面，统一于"人生的艺术"。作为论域的功夫论研究的就是人的生活实践修炼、生活的方式方法（道）、生活能力的提升或人的成熟，以及生活理想境界的追求。如果说形上学研究的是作为存在者的人，认识论研究的是作为认识者的人，伦理学研究的是价值主体的人，那么功夫论研究的是作为生活的实践者和生活艺术的修炼者的人。

作为一个论域，功夫论本身不专属于某个学派，也没有国籍，就像"认

---

① 有鉴于"功力""功法""功效"等子概念都用"功"字，且"工夫"的原意是指人工、夫役，所以我以"功夫"作为总称，而以"工夫"特指工时、人力、践行这一子概念。

识论""本体论""伦理学"不专属于某个理论学派或国籍一样。不仅宋明儒的心性修炼学说是功夫论，传统儒学的德性修养学说也是功夫论；不仅整个儒学都是以功夫修炼为其基本内容，作为中国传统哲学另外两大主流的道家和佛家学说，其核心的关注也是生活之道，是人生的艺术，因此本质上也是功夫论。更进一步，可以说整个中国传统哲学也只是功夫论的特殊表现形态。虽然修身求道、希圣希贤是中国传统哲学的特点，但它并非中国传统思想的专利。不仅各种古代宗教，如印度教、基督教等都有历史悠久的修身传统，古希腊的哲学也曾经是精神的修炼，是生活的方式，因而本质上也是功夫的修炼。伊壁鸠鲁、斯多葛学派等的哲学理论都与修心修身密切相关。在希腊语里，哲学（philosophy）是由爱（philos）和智慧（sophia）两个词合并而成，最初是泛指智力的运用，并不局限于理论的智慧，故不但所有的学科都可以称为哲学，在荷马那里，连木匠的技艺都被称作"sophia"（Iliad XV, 412）。作为一种生活的方式，古希腊哲学本身就可以说是功夫的修炼。

众所周知，作为精神修炼和生活方式的哲学传统后来在西方逐渐式微了，被一种作为理论论说或者说是纯学术的哲学所取代了。这个倾向早在毕达哥拉斯和柏拉图对"哲学"作出限定的时候就出现了。在他们那里，哲学一词开始窄化，获得了其"理性思辨活动"的含义。从此，哲学逐渐走向把理论、命题、观念当作其对象，将认识永恒的真理作为其使命，逐步把"技艺"（technē）和"实践智慧"（phronēsis 明智）排斥在自己探讨的范围之外。在希腊哲学的全盛期，被誉为"希腊三圣"的苏格拉底、柏拉图、亚里士多德就已经设定了这样一种等级次序：理论比实践更完美，而实践又高于技艺。中世纪的新柏拉图主义者们进一步将"实践"与"技艺"归在了一起，把它们降格为平民领域的活动；同时，他们又把思辨理论与超越的绝对者联系在一起，从而扩大了思辨生活与实践生活之间的距离。哲学的这种"理性的自恋"最终使它在19世纪变成了一种学术专业。理论论说，包括概念的创造和分析、命题的形成和演绎、理论的构建和辩护，以及为了这些而制定的逻辑规则，成了一个独立自存的学术体系，异化成了脱离生活的学院哲学，存在于书本、刊物、沙龙和教室当中。虽然哲学的理论活动及由此而产生的各种哲学理论从来都不可能完全脱离具体的生活，它持续对人的生活、科学技术乃至社会和政治产生深刻的影响，但具有讽刺意义的是，这种影响在相当程度上恰恰是人们无法完全超脱生活，无法摆脱哲学理论对他们的影响而造成的结果，而非自觉的行为。

哲学的理性自恋有它的积极作用。它使哲学保持了自身的独立和超脱，不至于沦为权力和欲望的奴仆。但同时，它也造成了哲学的半身不遂，即与生活实践的脱节。它所造成的一个匪夷所思的现象，就是"技能之知（know-how）"在哲学中的缺席。技能之知在人生中显然具有极为基本而且重要的作用，却在（西方的）哲学领域长期无人关注。这个皇帝新衣式的大漏洞，直到 20 世纪中叶才通过赖尔（Gilbert Ryle）的著作引起广泛的注意。出于同样的原因，过去很长时间内，功夫论也成了中国哲学界回避的内容。在需要把中国哲学纳入西方"哲学"的框架中以取得"合法性"的背景下，功夫论在崇尚理智的"哲学"框架里找不到它的位置。由于它的存在会显得中国传统思想与西方主流哲学不同，于是就被善意地忽略不提了。这不是单纯的西方文化的沙文主义，因为西方也是这样处理他们自己的传统的。西方哲学在其源头上的那种作为精神修炼的内容，在后来的哲学史著作中被洗刷得干干净净，因此当法国哲学史学者阿多（Pierre Hadot）提出古希腊罗马哲学是"作为生活方式的哲学"（philosophy as a way of life），是"精神修炼"（spiritual exercise）的时候，才引起了巨大的轰动。在西方的书店里，"哲学"类书籍被当作学术书而与"智慧文学"（wisdom literature）分开，后者是各种生活格言、自助式的精神疗法和灵修一类的读物。属于"东方智慧"的老子《道德经》、古印度的《吠陀经》、孔子的《论语》等，自然就被归在了这非哲学的"智慧文学"类。中国哲学在西方的大学里尽管有"多元文化""政治正确"的助推，也至今没能全面进入"哲学"圈子，这是主要的原因。随着哲学的越来越专业化，它与"哲学"的"爱智慧"这一原义越来越疏远。求学与求道成了两回事。哲学专业培养出来的人才，更多的是在作为学问的哲学游戏中转圈子的学者，而不是为实际生活提供智慧的思想家，更不是修身求道的志士仁人。在现实中，哲学失去了其"时代精神的精华"的地位。20 世纪绝大部分的"哲学家"，是在课堂上讲授"理论"的学者，以至于在这些课堂上学到"智慧"居然成了意外的收获。

三、世界哲学的功夫转向

对功夫论的缺席，西方从近代的后期就出现了警觉和反思。马克思墓碑上的名言说，"哲学家们只是用不同的方式解释世界，但重要的是改变世界"。这句话就是对学院式哲学的尖锐批评。他提出的"改变世界"和他所强调的"实践"，就属于"工夫"的范畴。尼采对理性的批判性反思和对生活风格的重视是属于"功法"范畴的"生活之道"的问题。前述赖尔提出的"技能之知"，明显的是属于对体身化的"功力"的探讨。实用主义对理论、观念的实际效果的重视，则是对"功效"的关注。20世纪的中期，西方哲学中出现了对近代理性的系统性反思，形成了后现代的思潮。这些思潮除了对近代理性的一统天下状况进行了全方位的解构批判，同时也提出了过去被"理性"所遮掩的种种与功夫相关的层面。后期维特根斯坦和赖尔等对日常语言的考察引导了哲学对"语用"功能的关注，即话语是人们常用的功法手段。查尔士·泰勒（Charles Taylor）的"体认之知"和波兰尼（Michael Polanyi）的"默识之知（tacit knowing）"、梅洛·庞蒂（Merleau-Ponty）有关身体的理论、福柯（Foucault）的"自我的技术"（technique de soi）等，都或多或少地与功夫论研究的对象相关，可以与中国传统的功夫论资源产生互补。其中福柯的"自我的技术"干脆就被何乏笔（Fabian Heubel）直接翻译成中文的"工夫"（实际上这个概念主要是相应于"功法"）。①

众所周知，20世纪中叶世界哲学曾经发生过一个"语言学的转向"，使人们产生一个印象，好像20世纪哲学的特点是语义分析。② 值得注意的是，罗蒂在他为《语言学的转向》一书所写的导言（1967）中，便敏锐地觉察到了

---

① 所谓自身的技术，即通过对包括交友、言说、恋爱、婚姻、社会政治活动等活动在内的人类生活的各个领域的关照、关怀，去不断超越既有的自我，完成作为主体的自身的确立和构建，实现自身的自由。

② 正如近代哲学家们发现认识论是其他哲学知识得以成立的基础，20世纪的语言哲学家们发现，语言是包括认识论在内的所有哲学得以展开的前提。我们从事哲学的时候，都必须使用语言，但语言的本质是什么？语言怎么才获取了"意义"？在什么情况下，哲学可以说找到了大家可以理性地接受的命题标准？在这个转向中先后出现了"理想语言学派"和"日常语言学派"。维特根斯坦前后期的转变，具有象征意义地宣告了建构理想语言的失败和在具体生活实践中理解语言的必要。

"语言学的转向"实际上预示了一个更为深刻的转向。他预言,哲学未来的关注核心"将是转化(reform),而不是描述(description);是作为建议的哲学(philosophy-as-proposal),而不是作为发现的哲学(philosophy-as-discovery)"[①]。这里他虽然没有用"功夫"一词,但"转化"和"建议"显然都是功夫论的主要内容。如此看来,他已经意识到语言学的转向实际上是功夫论转向的前奏。

在某种程度上,罗蒂半个世纪前所预言的这个"未来"已经存在于当下。在本体论领域,海德格尔的现象学和伽达默尔的诠释学把人的此在(Dasein)或具体的"在世"作为对象,就是把脱离了生活实践的"主体"重新放回到具体的生活世界当中来理解。在伦理学和认识论领域,有"德性"概念的复兴,而"德性"的原意就是能力(virtuosity)或"功力"。在社会政治哲学领域,有阿玛蒂亚·森(Amartya Sen)和玛莎·努斯鲍姆(Martha Nussbaum)的"能力取向"(capability approach)理论,虽然这个"能力"在他们那里还主要是经济和社会生活条件,但反过来看,其实经济和社会条件,乃至社会的体制,都可以看作"外体化"了的"功法"和"功力"。在美学领域,有查克瑞·辛普森(Zachary Simpson)的《作为艺术的人生》和理查德·舒斯特曼(Richard Shusterman)的身体美学。这些理论直接就已经把人生看作了"艺术"。在哲学史的领域,阿多(Pierre Hadot)的《作为生活方式的哲学》和安东尼·朗(Anthony A. Long)等对古代希腊罗马哲学的解读不仅揭示了西方哲学在源头上就有功夫论,而且揭示了西方哲学在学院化的过程中产生的与生活方式的脱节。这些理论都或者为功夫论的转向提供了条件,或者是更直接地就已经是广义的"功夫论"。

近几届世界哲学大会的主题,也体现了这个转折。2003 年在土耳其伊斯坦布尔的第 21 届和 2008 年在韩国首尔的第 22 届世界哲学大会,主题分别是"面对世界问题的哲学探索"(philosophy facing world problems)和"反思当今的哲学"(rethinking philosophy today),反映出哲学界意识到需要反思哲学本

[①] Richard M. Rorty, ed. *The Linguistic Turn*, Chicago: The University of Chicago Press, 1967, 1992, p.38. 罗蒂本人对哲学不抱希望。他确实像他自己说的那样把自己关注的核心转向了转化、建议,但他不指望哲学,而更寄希望于历史、文学。

身的状况和走向，需要面对世界的实际问题，而不是继续在概念和理论的象牙塔里打转。2013年在希腊雅典的第23届世界哲学大会的主题是"作为探索和生活方式的哲学"（philosophy as inquiry and way of life），这一主题明确地表示哲学需要重新找到理论探索和生活方式的平衡。2018年在中国北京的第24届世界哲学大会主题是"学以成人"（learning to be human），这就更直接地是转向功夫论的论域。人不再仅仅是被当作既定的认知和选择的主体，而且也是转化的对象，是需要塑造成就的过程了。将要在意大利举办的下一届世界哲学大会，其主题是"跨越边界的哲学"（philosophy across boundaries），这个主题包含了呼唤世界哲学走出象牙塔的边界，跨入社会生活的空间的意思。

四、作为哲学方法论的功夫视角

除了作为一个广阔的论域，广义的功夫论也是一个视角，或者说是哲学的方法论。正如哲学意味着哲学的视角，科学意味着科学的视角，功夫论意味着从生活艺术的角度出发来思考和评价所面对的一切。使用"功夫"一词绝不仅仅是个无足轻重的术语变换，它不仅意味着哲学要跨入"生活的艺术"这片长期未得到充分重视和开拓的哲学疆域，也意味着一种哲学方法论或视角的转换。这个视角将一切都放在是否有利于人的生存和昌盛的角度去看，因此就像一盏射灯，可以用来关照一切，使事物显示出它们在其他视角下隐秘不显的内容。因此，功夫论也可以说是一个全面的哲学取向（a comprehensive philosophical approach）。如果说康德的先验逻辑视角允许他揭示知识在什么条件下才是可能的，由此而形成了他那独特的先验哲学体系，那么功夫视角允许我们揭示人类的生存和昌盛在什么条件下才是可能的，由此而开拓功夫哲学的理论。

在本体论领域，功夫视角会把不同的本体论当作不同的"本体论承诺"（ontological commitment），并且考察这些承诺对人们生活方式和行为方式的影响。在认识论领域，功夫视角意味着把知识当作生活的智慧和能力，开拓真理认知以外其他认知的研究（比如技艺之知、熟识之知等）。在伦理学领域，功夫视角意味着把各种不同的伦理学理论看作不同的生活取向或风格的推荐

（尽管有些推荐是如此根本，以至于必须被作为普遍的道德责任和律令来提出）。在美学领域，它要求我们把艺术拓展到整个人生，而不是局限于装点人生的画廊、剧场和人行道。在社会政治哲学领域，功夫视角意味着拓展"能力理论"，把"能力"作为权利的保障和权利所保障的对象，并把社会制度体系看作功法的外体化。在宗教哲学领域，功夫视角意味着把各种信仰体系看作精神性的取向，从人类的生存和昌盛的角度来评价其优劣得失，而不是看作只有不同、没有对错、只能尊重、不能批评的信仰体系。在元哲学领域，功夫视角的转向意味着把哲学本身看作一种重要的人类实践活动，它对于帮助人的成长，提升人的存在状态具有极为重要的作用，尽管和任何训练活动一样，它也会有它的"职业风险"，如荡（使人无所适守）、迂（执着于概念分析，绕圈子）、玄（抽象而成为不着边际）、绞（认死理）等。

前面引用过的马克思墓碑上的名言，即"哲学家们只是用不同的方式解释世界，但重要的是改变世界"，容易让人误以为哲学无用，应该为"改变世界"的实践让路。在功夫论看来，需要克服的不是哲学，而是哲学套在自己身上的"解释世界"的狭隘框架。由于哲学观念能在最根本的层次上影响人的思维和行为方式，哲学与生活实践的脱节也会导致人类生活的瘫痪。因此也许我们需要对马克思的话稍作改动，变成"哲学家们也许只是用不同的方式解释世界，但他们的观念不可避免地影响着世界，或多或少，或好或坏"。改变世界需要的不是抛弃哲学，而是改变我们的哲学和做哲学的方式，使之能够对世界产生有益的作用。

这种功夫视角很自然地会将前面提到的许多世界哲学潮流当作同道。它不是要成为取代其他视角的唯一视角，而是要作为其他视角的必要补充。功夫视角观察的对象当然会包括"现象""生活的背景""日常语言游戏"等，而不只是理论化的命题；同时，它要求我们注意现象、生活背景、语言游戏等对于生活实践和行为的意义，而不是仅仅我们理论思考推理分析的客体对象。功夫视角重视"实践""行为"，但它同时也要求我们意识到人需要在实践中转化和成熟，而不仅仅是自主行为的主体。功夫视角探讨"生活方式"和"风格"，但同时它提醒我们好的生活方式是需要修炼养成的能力。功夫视角重视"德性""技能之知""能力"，但它不把德性、能力绝对化，而会引导我们看到"德性之蔽"①，看到"时机""情境""权"的意义。功夫视角与实用主义有深度的共鸣，因为它也从功效来评价功夫的高低优劣；但它更关注人本身的转化和成熟。杜威将他的实用主义称为"工具主义"（instrumentalism），给人的印象是任何东西只要能拿来为我所用就是好的，功夫视角则使我们看到使用工具的人才是所有效用的根源。人的成熟才是艺术生活的根本。

五、结语：功夫转向的迫切性

在上述两个含义，即作为论域的功夫论和作为视角的功夫论的含义上，做功夫论就是做哲学，而不只是做中国哲学，更不是仅仅做宋明儒学中有关心性修炼的那一部分中国哲学。本文申述功夫论域和功夫视角的意义，提倡哲学的功夫转向，并不等于说世界哲学应该中国化。实际上长期以来因为种种原因，中国哲学也产生了概念化、形式化、碎片化的倾向。概念化是指原来切切实实的转化人的功夫之学变成了"口耳之学""口号之学"的倾向。形式化是指受学术规范的约束，文章著作以引文出处、参考文献的列举为胜，真正有意义的思想内容却极为贫乏的状况。碎片化是指缺乏系统思考，满足于零打碎敲地在某个局部标新立异，提出一家之言的追求。所以本文提倡的功夫视角和功夫转化也意味着要求中国哲学本身的转化。

如果笔者前面提供的宏观观察是对的，那么世界哲学已经开始了这个宏大的功夫论转折，从以前的"面对永恒抽象的概念世界和外部客体"转变为"面对当下现实的生活世界和人的自我塑造与生成"。只是这个转折还没有形成应有的规模和系统化的展开，在哲学界还没有形成广泛的自觉。"功夫"概念的引入，正可以促进这个转折的展开。

更重要的是，即便现在还没有那样一个转折的迹象，我们也需要推动它的发生，因为当今的世界亟须这样一个转折。人类的存在状况（existential condition）已经糟糕到不容忽视的地步，逼着哲学家们从最根本的地方去思考人类的可持续性。近年来世界上所发生的一系列事件，如新冠大流行和俄乌战争，

---

① 参见倪培民：《德性之蔽——从〈论语〉中的"六言六蔽"说起》，《现代儒学》，2021年第8期。

以震耳欲聋的形式告诉我们，其实人类非常的脆弱。人类来到这个世界上，本是一个极为偶然的事件，而人类在宇宙中的消失，却已经是随时可能发生的高概率事件。人类在近两百年来确实长了很多本事，实现了过去只有在类似《封神演义》那样的小说中才能看到的许多梦想。我们能上天入地，能创造虚拟现实，进行量子计算，能改变基因，甚至能克隆自己。人类所发明的核武器已经可以毁灭地球 N 次。日新月异的高科技，既是人类"功夫"的延伸，同时也使每个个人的功夫退化（计算器使人无须心算，也使人的计算能力下降）。一方面是"超人"出现的可能，另一方面，作为整体的人类，其心智却似乎越来越幼稚，越来越任性，也越来越不靠谱。最能导致我们灭亡的，与其说是自然界的灾难，不如说是人类自己的不成熟。作为一个整体，当今的人类像是一个被荷尔蒙驱使而不知节制的青年人，忘乎所以，在这个星球上为所欲为，几近摧毁自身所赖以生存的地球。在过去 50 年里，人类对地球的破坏超过了以前 20 万年的总和。伴随着物质和技术能力的日益强大，人类整体生存的稳定性却越来越脆弱。人类成了自己的天敌。这一百来年也是人类有史以来灾难最深重的世纪。两次世界大战、各种种族清洗、宗教冲突、世界范围的经济和金融危机、恐怖主义袭击、原子能泄漏、瘟疫大流行，各种危机和灾难此起彼伏。人类科技能力的增长远远超出了人类负责任地运用这些科技的成熟程度。

笔者曾经与生态环境哲学家米切姆（Carl Mitcham）教授谈到这些问题。我说，人类像是坐在一辆正在飞速奔向悬崖的马车里，而车里的人们还在忘乎所以地互相争斗不已。他的回答是："不，不是飞速冲向悬崖，而是已经冲出了悬崖，正在坠向深渊。"

米切姆教授也许有些过于悲观，但至少有一点是清楚的：我们并没有无穷无尽的时间。过去从来与哲学无关的"迫切"二字，现在已经如芒刺在背，无容忽视了。如果说人类还有希望持续生存下去的话，那么人类作为整体就必须迅速地使自己成熟起来，获得在宇宙中生存下去的智慧和能力。而这，恰恰就是"功夫"问题。可以说，我们现在最迫切需要的哲学，就是关于人类生存的功夫哲学！

为什么"率性之谓道"

——关于"道"与"性"对应的人类学讨论

盛 洪

【摘要】《中庸》的"率性之谓道"之说表明"性"与"道"之间有着对应关系。这种关系有人类学和宇宙学的含义。道是行为规则,质料遵循行为(运动)规则可以形成物,从而行为规则作为时间结构可以转化为空间结构,因而是形成万物的形式。形式由道而生,就内含着对应行为规则的性质,因而"性"对应着"道"。宇宙从基本粒子发展到人类,人性中就内含了生成人类所必需的所有行为规则,记录了克服各种艰难最终生成人类的每一次正确的规则选择,因而人性就包含了宇宙的所有规则。若从单细胞发展为如此复杂的人类,就需要愈来愈强的合作与结合的价值,因而人性是善的。既然性包含了形式信息和行为规则的信息,并能够遗传给后代,就意味着性对应着基因。按照现代人类基因理论,人类基因组是经过40亿年积累起来的学习成果。因为"性"对应于"道",人们就可以从对率性而为结果的观察和对性的内省发现道。然而,由于与宇宙相比,人究竟是有限的,所以人们只是有通过性发现全部道的潜力,并且只有通过"修道"努力才能达到对道的部分认识。

【关键词】人性;道;基因;行为规则;演化

一、问题的提出：为什么"率性之谓道"

《中庸》开篇说，"天命之谓性，率性之谓道，修道之谓教"，意思是宇宙规则的总体结果就是人之本性，顺应本性而为就是道，而对道进行探究和用以规范自身行为就是教化。其中"率性之谓道"直接将"性"与"道"对应和联系起来。这种关系不仅是在理论上简洁，把复杂且模糊的道用人能够直观的本性来体会，而且在实践上直截了当，无须深奥道理就可正确地行动，即可达到善的目的。这一结论似乎太有超越性和冲击力了。用现代科学的标准，若要证明这两者之间的这种关系，需要多少中间环节才能完成！《中庸》是怎么得出这样的结论的？

《中庸》是《礼记》中的一篇，是比较古老的文献。在此前后，儒、释、道三家都有类似的说法。《庄子》记载了孔子与老子的一段对话："老聃曰：'请问仁义，人之性邪？'孔子曰：'仁义，真人之性也……'老聃曰：'请问，何谓仁义？'孔子曰：'中心物恺，兼爱无私，此仁义之情也。'老聃曰：'……天地固有常矣，日月固有明矣，星辰固有列矣，禽兽固有群矣，树木固有立矣。子亦放德而行，遁遁而趋，已至矣；又何偈偈乎揭仁义……？'"（《庄子·天道》）在其中，"仁义"近乎道；孔子说仁义就是人的本性；老子反驳说，既然如此，还需要推行仁义吗？他们两人只是略有区别。这也是将人性与道直接联系起来的讨论。

孟子说，"尽其心者，知其性也。知其性，则知天矣"。（《孟子·尽心上》）这里的"天"即天道，亦是道。充分调动心智，就能知道自然本性，就等于知道了天道。《中庸》中有更详细的"尽性"论述："唯天下至诚，为能尽其性；能尽其性，则能尽人之性；能尽人之性，则能尽物之性；能尽物之性，则可以赞天地之化育；可以赞天地之化育，则可以与天地参矣。"（《中庸》第二十二章）"尽性"就是充分调动自己的自然本性，就可以充分调动其他人的自然本性，也可以充分发挥物的自然本性，就可以与宇宙一起演化，与天地并行不悖。这也是说，只要顺应人的自然本性而行为，就可以达到与天道演化一致的境界，即也是"率性之谓道"。

六祖慧能说，"世人性本清净，万法从自性生"，"如是诸法，在自性中，如天常清，日月常明，为浮云盖覆，上明下暗，忽遇风吹云散，上下俱明，万象皆现"①。在佛学中，"法"或"佛法"相当于"道"。所以六祖所说，即道在性中，道从自性生，也是直接将道与性对应和联系起来。于是若要皈依佛，无须外求，只需向内心寻找，要自皈依。在实践中，许多人不知"道"为何物，是如浮云蔽日，本性被贪欲遮蔽，修身求道如风吹云散，重见天日，去除贪欲，回归自性。佛法——道只需在人的自身去找，这就是人的本性。到了宋代，《中庸》逐渐成为儒家的最高经典，"率性之谓道"之说，得到普遍的认同。伊川先生说，"性即理也"②，"心通乎道"③。而"心"则是心性，是"性"的另一种说法。他解释说，"在天为命，在义为理，在人为性，主于身为心，其实一也"④。张载说，"性为万物之一源，非有我之得私也。惟大人为能尽其道"⑤。朱熹说，"性者，即天理也"⑥；"天命之性、处处皆是，但只寻时，先从自己身上寻起。所以说，'性者道之形体'"。⑦ 此处之"理"即是道。朱熹已有定论，"道是统名，理是细目。在心唤做性，在事唤做理"⑧。因而当王阳明说"心即理"时，并不是什么创新，只是继承了儒家已有的传统，或还借鉴了禅宗。按照宋儒的概念，心就是性，理就是道。"心即理"即"性即道"，又回到了"率性之谓道"。

这种将人的本性和道几乎等同起来的看法，不仅在中国传统中有，在其他文明传统中也有。如基督教《新约》中说，"岂不知你们若不是可弃绝的，就有耶稣基督在你们心里吗"。(《哥林多后书》13.5) 又说，"神的事情，人所能知道的，原显明在人心里。因为神已经给他们显明"。(《罗马书》1.19) 其中"基督"就是自然正义的代称，对应于中国式的天道。"基督在心里"就是指人的心中本来就有自然正义。在印度教经典《薄珈梵歌》中，有一种"无

---

① 慧能：《六祖坛经》，北京：团结出版社，2017年版，第87页。
② 程颢，程颐：《二程遗书》，上海：上海古籍出版社，2000年版，第347页。
③ 朱熹：《近思录》，北京：中国文联出版公司，1995年版，第113页。
④ 程颢，程颐：《二程遗书》，上海：上海古籍出版社，2000年版，第254页。
⑤ 张载：《张子正蒙》，上海：上海古籍出版社，2020年版，第146页。
⑥ 朱熹：《近思录》，北京：中国文联出版公司，1995年版，第486页。
⑦ 朱熹：《近思录》，北京：中国文联出版公司，1995年版，第469页。
⑧ 朱熹：《近思录》，北京：中国文联出版公司，1995年版，第490页。

上我"的概念，即是每个普通人都在心灵里有一种知道宇宙最高规则的感觉①，这个"我"既是他或她的自我意识，又是天道在其心中的显现。《奥义书》说"我即梵"②。阿姆斯特朗讨论了印度教中"神我"的概念："每个人都拥有自己的个体和永恒的神我，它……超越于时空"，"神我不知何故与自性即'自然'联系在一起"。③

"率性之谓道"，将"性"与"道"对应起来，是一个大的判断，是一种哲学思想，又能给出探究道的便捷方法，却又是一个很大很难的人类学问题，即人类真的如此吗？如果真的如此，在数千年前的先哲们究竟是用什么方法来达成这一结论的？而这结论——"率性之谓道"似乎存在于古典哲学和宗教的经典之中，并不为现代的人们所熟知或信服。如果它是对的，难道不该成为今天探索天道——自然法的有效方法吗？那么，我们就得先用现代的理论方法证明，为什么"率性之谓道"。

二、道是行为规则，是宇宙的基础规则

"道"是中国传统的学术术语，应是指行为规则。在整部《道德经》中，除了讲道的难以捉摸、模糊不清以外，就是讲根据道的原则如何行为。具体如：

> 水善利万物而不争，处众人之所恶，故几于道。
>
> 孰能浊以静之徐清；孰能安以动之徐生。保此道者，不欲盈。夫唯不盈，故能蔽而新成。是以圣人抱一为天下式。不自见，故明；不自是，故彰；不自伐，故有功；不自矜，故长。夫唯不争，故天下莫能与之争。
>
> 将欲歙之，必固张之；将欲弱之，必固强之；将欲废之，必固兴之；将欲取之，必固与之。静胜躁，寒胜热，清静为天下正。
>
> 无为而无不为。取天下常以无事，及其有事，不足以取天下。

---

① 《薄伽梵歌》，北京：中国社会科学出版社，1989年版，第68页。
② 转引自阿姆斯特朗：《轴心时代》，海口：海南出版社，2010年版，第147页。
③ 阿姆斯特朗：《轴心时代》，海口：海南出版社，2010年版，第219页。

其政闷闷，其民淳淳；其政察察，其民缺缺。是以圣人方而不割，廉而不刿，直而不肆，光而不耀。

治大国，若烹小鲜。

天下难事，必作于易；天下大事，必作于细。

其中的"不争""静""不自见""必固张之""无为""闷闷""烹小鲜""作于易"等，都是具体的行为规则。尤其"无为"是一种特殊的行为规则，就是不行为。这又是行为规则中最重要的规则，即否定性规则。这是哈耶克在讨论"正当行为规则"时强调的三特性之一——否定性。哈耶克说，"实际上，所有正当行为规则都是否定性的，当然这是在它们通常不向任何个人施加肯定性的义务的意义上所言的"①。否定性行为规则又是最宽松和自由的，因为在不可以做什么的规定之外，剩下的空间都可以做。而《道德经》里的其他行为规则，如"不争""静"或"闷闷"都有与"无为"类似的消极意义。

在《中庸》和《大学》中，有关"道"的论述也显现出行为规则的特性。如：

君子之道，造端乎夫妇。

君子之道，辟如行远必自迩，辟如登高必自卑。

天下之达道五，所以行之者三。曰：君臣也，父子也，夫妇也，昆弟也，朋友之交也，五者天下之达道也。知，仁，勇，三者天下之达德也，所以行之者一也。

获乎上有道，不信乎朋友，不获乎上矣；信乎朋友有道，不顺乎亲，不信乎朋友矣；顺乎亲有道，反诸身不诚，不顺乎亲矣；诚身有道，不明乎善，不诚乎身矣。诚者，天之道也；诚之者，人之道也。

故君子之道：本诸身，徵诸庶民，考诸三王而不缪，建诸天地而不悖，质诸鬼神而无疑，百世以俟圣人而不惑。

君子之道：淡而不厌，简而文，温而理，知远之近，知风之自，知微

---

① 哈耶克：《法律，立法与自由》第二、三卷，邓正来等译，北京：中国大百科全书出版社，2000年版，第56页。

之显，可与入德矣。

大学之道，在明明德，在亲民，在止于至善。

所谓平天下在治其国者，上老老而民兴孝，上长长而民兴弟，上恤孤而民不倍，是以君子有絜矩之道也。

是故君子有大道，必忠信以得之，骄泰以失之。

较之《道德经》，这两部儒家经典对道的讨论更侧重在现实世界的具体形态。如在夫妇、君臣、父子等的关系中，这表现为人们之间互动的行为规则，如孝、悌、忠、信，等等；也表现在行为的程度和形式上，如"淡而不厌，简而文，温而理"。总而言之，儒家讲的道也是行为规则。它与道家的区别是，后者强调否定性规则，而前者注重已经成为习俗的看似肯定性规则。如儒家注重的礼，其实礼也是一种否定性规则，只是印象是肯定性的。如"父母在，不远游"是否定性的；"出必告，反必面"是说，孩子离开家时不要不告诉父母，回家以后不要忘了面见父母。在《礼记》的第一句话就是"毋不敬"，然后连用了四个"不"字，"傲不可长，欲不可从，志不可满，乐不可极"。

儒家与道家的另一个区别是，儒家的"道"侧重指人类社会的道，而道家的"道"泛指宇宙万物之道，即是指天下万物的行为规则。那些没有生命的物质没有有意识的行为，它们的行为规则是指它们的运动规则。道家或儒家的经典文献都把"道"作为宇宙的根本秩序，是纷繁复杂的宇宙现象的根本原因，是宇宙万物的起始。《道德经》云，"道冲，而用之或不盈。渊兮，似万物之宗"（《道德经》第四章）；又云，"道者万物之奥"（《道德经》第六十二章），即万物因道而生。因而，道或行为规则是宇宙的基础规则。

这种看法与宇宙是由物质组成，宇宙的规则是物质结构的规则不太一样。区别在于，一个是把物质看作宇宙本体，一个是把道看作宇宙本体。宇宙本体是物呢，还是道？宇宙的最基本内容是物质呢，还是物质的行为（运动）？这就涉及物质在先，还是（生成）物质的行为在先。亚里士多德将物质说成是质料加形式而形成的。质料就是还不能被称为物的东西，是组成物的东西，例如宇宙大爆炸时的基本粒子，或者任何一个层级的物在形成更高级的物之前都会被视为质料。而形式是什么，是怎么产生的？我们可以将物的空间结构看作形式，但这种空间结构是怎么产生的？答案可能是，是质料（物）的行为形成的。

所有成型的物体，无论有无生命，又都是质料行为（运动）而成。行为规则是有时间特征的规则，是表现为在时间系列中的类结构性动作，因而具有时间结构。就如沃尔夫拉姆在《一种新的科学》一书中所揭示的一维二态元胞自动机那样，其行为规则按时间序列表现为一个类规则性的二维图案。这些行为如果只是停留在空间的某一个点上，就无所谓行为；行为是跨越空间的，必在空间上留下其轨迹，形成空间上的结构，这个空间结构就是亚里士多德说的"形式"。于是时间结构转变为空间结构。因而形式起源于行为规则，行为规则也是形式，是时间形式。如原子是原子核和电子行为轨迹的空间形式，植物是生长行为的空间遗留。这就是所谓"道生万物"。因而行为规则是比物质存在更基本的宇宙规则。

若要行为，就需要能量，因而行为是能量形式。我们知道，物质与能量之间可以转换。能量表现为时间形式，而物质表现为空间形式。物质是能量的时间形式在空间上的规则性和稳定性的形态，如同原子是原子核和电子之间形成的稳定的规则性的能量形式，原子结构是原子核与电子之间行为的动态平衡，从时间形式转换为空间形式。当然物质也可以破坏稳定的空间形式将能量释放出来，如同原子弹，这是一个相反的过程。但无论如何，当我们说物质时，则是由能量转换的，如果以宇宙大爆炸为起始，是能量为先。宇宙大爆炸就是一个能量大爆发，以后形成的宇宙是能量找到了恰当的行为规则而形成了稳定的空间结构。因而物的空间结构或形式，就是能量的行为规则的时间结构的空间遗留。

三、"性"之辨析

广义地，"性"指万物之自然本性；特殊地，性指人的自然本性；具体地，性指决定物的行为特征的属性。在儒家经典中，更多是讨论人性。古今中外，关于人性或人的自然本性，有不少说法。如人有其恶劣的性质，贪欲、凶狠、淫乱、嫉妒、欺骗等。难道这些也是人的性吗？前贤早已对这个问题有所讨论，并且有所定论。在中国，"性"是指本性，即基本人性，而人的各种偏好和特殊倾向，则被称为"欲"。与"性"相比，欲是中性的，如"饮食男女"；也稍有贬义，如"存天理，灭人欲"，并不是指正常、恰当的欲望，而是指过度的欲望。这些基本欲望，有时也用"性"来表示，如"食色，性也"。而"性"这个字，也经历了其含义不断演变的过程，最后大致定于一义。

牟宗三曾经在其《心体与性体》一书中，对"性"义的演变做了梳理。在他看来，在孔子之前的老传统，生、性不分，有时互相借用。然而最初，性多指欲望。如《诗·大雅》中的"弥尔生"，是指"满足其欲望"；又如《周书·召诰》（今文）中的"节性"，是指"节其骄淫之性"。在《商书·西伯戡黎》中有"不虞天性"之说，其中"天性"已超出欲望概念，而是指生命生活中自然有者之常态。在《商书·太甲》中则有"习与性成"之说。牟宗三说其指三个层面的含义，即生物本能的、人之气质的和超越的义理当然之性。[①]

逐渐地"性"之概念收敛为人之本性，如"性者生也""生之谓性"。牟宗三解释说，性是生的原因，他命名为"形构原则"，即生成人的生命的规则，同时就构成了"一自然生命之特征也"[②]。这恰是本文所说，物生于道，即生于行为规则，从而该物就具有该生成规则遗留的特性，从而其本性就内含了该行为规则。然而牟宗三指出，这种对性的解释还是形而下的、物理的。到孔子那里，孔子虽然不太谈"天道"与"性"，但其强调的"仁"，就是间接地讲人性是"仁"。而到了宋儒那里，"性"作为"所以然之理"，"是形而上的、超越的、本体论的、推证的、异质异层的"。[③]

康德注意到"人性底特殊属性"，"人类之特殊的自然特征"，"脾性、性好以及自然的性向"或"任何特殊倾向"，并将这些"人性"与"自由自主自

[①] 牟宗三：《心体与性体》（上），长春：吉林出版集团责任有限公司，2010年版，第173页。
[②] 牟宗三：《心体与性体》（上），长春：吉林出版集团责任有限公司，2010年版，第80页。
[③] 牟宗三：《心体与性体》（上），长春：吉林出版集团责任有限公司，2010年版，第80页。

律而绝对善的意志"① 相对立。牟宗三指出，前者正与中国传统中之一脉的"气质之性"相当，而后者则与孟子、《中庸》说的"义理之性"相当，"义理之性"就是"内在道德性当身之性，其所谓善乃是这内在道德性当身之善。此性是普遍的、先验的，而且是纯一的"②。与"人性底特殊属性"或"气质之性"的变动性、"多姿多彩、个个人不同的""或善或恶，或无所谓善恶的"不同，"绝对善的意志"或"义理之性"则是具有普遍性、恒久性、"内在道德性"、"把内在道德性直通于天道、天命，不但直下是道德的，而且是本体宇宙论的"③。这样的论述直指人性的基本内核，是内在先天就有的，把它和它的表象区分开来，提炼出它内化宇宙规则的基本原则，也就能够将人性贯通天道，即"率性之谓道"。

只是牟先生过于强调孔孟、宋儒的性的观念与之前的"生之为性"的区别，说由"言性命天道之先在背景"，"言性是自理或德而言性，是超越之性，是理想主义的义理当然之性，是儒家人性论的积极面"，而"自生而言性是实在论态度的实然之性……是儒家人性论的消极面"。④ 这似是过度解读。生之谓性，意味着生的规则和过程型塑了人的自然本性，而这一生的规则，就是宇宙通过无数艰险最终生成人的所有规则，这些规则的一个基本取向就是善，就是合作、友好和尊重，因而生的过程形成的人的本性，就是向善的。故"生之谓性"就是"天命之谓性"，就是"性命天道之先在背景"。孔孟和宋儒并没有发现不同于人的本性的特性，只是强调人有这种仁的本性。这种本性并不是决定人就是善的，而只意味着人有"善端"，即可能教化为有道德的人。义理就是这种道德教化的结果，是"教"而不是"性"。"义理之性"就是善端，与"生之谓性"是一个意思。

另一个与"性"相近的概念是"情"，即情感或情绪。据心理学的研究，情感是人类演化而成的，它对人类的生存有着重要作用。如恐惧、愤怒、哀伤或嫉妒等，都分别是帮助人们避免天敌的攻击，激起自卫的勇气，对亲人的爱

---

① 转引自牟宗三：《心体与性体》（上），长春：吉林出版集团责任有限公司，2010年版，第109-110页。
② 牟宗三：《心体与性体》（上），长春：吉林出版集团责任有限公司，2010年版，第109页。
③ 牟宗三：《心体与性体》（上），长春：吉林出版集团责任有限公司，2010年版，第110页。
④ 牟宗三：《心体与性体》（上），长春：吉林出版集团责任有限公司，2010年版，第187页。

护和对配偶的排他，进而形成一个有秩序的社会。然而情感是神经元的自动反应，不受理性控制。情感只有在其程度恰当时才能起到好的作用，而当情感或情绪过度时，就会起不到作用，甚至起到反作用。因而情感被视为一种波动不定的因素，与上述义理之性的内在性、恒定性有所区别。然而与将性提升为"义理之性"一样，情也可提升为"道德情感"。在康德看来，道德情感，如爱、尊敬、同情、是非、恭敬、羞恶等，都可以对不道德的行为作出自动反应，或自动涌现出实施道德行为的冲动，是实践道德法则的动力，否则道德法则是空洞无力的。如人一感到羞耻就脸红，愤怒时就心跳加速，哀伤时哭，高兴时笑，都是自动的道德反应。这与儒家讲的"圣人之情"很类似，即"应物而无累于物者也"①。这是说，圣人所有的情感不会出现普通人那样的波动，以致对具体事物产生负面影响；圣人的情感的恰当作用正是导致圣人遵从道德、顺应天道，道德情感顺应万物之法而看似没有一般的情感波动，因而"圣人之情"是与"义理之性"一致的东西。朱熹说，"性是未动，情是已动，心包得已动未动"。他比喻说，"心如水，性犹水之静，情则水之流"②。在这里，性与情是人的心性的两种状态，静的时候没有表达，但内在地含有性状，动的时候就表达出来了。

四、"天命之谓性"：性是道的空间轨迹遗留之性状

既然形式或物的空间结构是其行为轨迹的空间遗留，它就具有与行为规则对应的特殊性状。这一性状不仅记录了行为规则的特性，而且使其生成的物更容易便捷地遵循这一行为规则。物的特性包含了其行为的特性，它的行为遵循的规则就是生成它的行为规则。这一性状由一组信息记录下来，有生命的物体通过凝结的信息包——种子或卵子、精子传递给后代，这组信息就是基因。可以说这组信息的特性就是中国传统学术术语的"性"。于是，我们看到道与性的关系：道就是行为规则，性就是物的特性；是道生成了性，性具有与道相应的特性。所以在中国古典文献中，道和性经常联系在一起；《中庸》说"率性

---

① 楼宇烈：《王弼集校释》下册，北京：中华书局，1980年版，第640页。
② 朱熹著，黎靖德编：《朱子语类》第一册，武汉：崇文书局，2018年版，第70－71页。

之谓道"，率性就是顺应本性，只要顺应本性，就显露出了道——行为规则。

既然性近似地等同于道，就包含着道所包含的性质。生成人的道——行为规则是经历了数十亿年的演化，才最终生成人这个万物之灵。当道生成单细胞时，它也是由某种质料以稳定的形式统合起来的规则，这个规则包含着促进合作和结合的价值，因而这个单细胞的性也具有这种促进合作和结合的价值，而其结果是比没有这种形式能更稳定地存在，更有效地利用能量、更好地生存，因而这种形式就被保存了下来。由单细胞发展到人，经历了无数升级过程，每次升级都意味着使之升级的行为规则有着更强的促进合作和结合的价值，因而人性就包含了宇宙发展以来每次升级要选择的正确的行为规则，及其包含的价值，因为若不如此，其升级过程就不会成功，就会停留在原来的地方，就如人就停留在黑猩猩的状态中一样。

基因，就是将行为规则导致的空间结构固定化，用于遗传后代。一般认为，基因是记录生物的空间结构的信息，如植物的根、茎、叶是什么样的；然而基因是否也记录生物的时间结构，即行为规则呢？答案应该是肯定的。生物都有其先定的行为，如植物在什么时候开花、结果，就是与时间相应的行为；鸟会飞、鱼会游、兽类会奔跑，都是基因规定的行为。不仅如此，动植物的发育生长过程，是生长行为规则的结果。如植物就是按照生长规则生长它们的根、茎、叶，母腹中的婴孩也有基因规定的生长顺序和过程。

这样的看法已被遗传学家的研究所证实。他们发现，人类与果蝇或老鼠有着相同的同源基因簇，这是负责生长身体结构的基因。果蝇有 8 个同源基因，而人类有 13 个。这些基因按照从头到尾的顺序生长。这大概是因为在生物进化的道路上，生物向更为复杂的方向发展，就是从头向尾部不断加长，而不是相反。这种演化路径被记录到了基因之中，并在生物孕育和发育过程中重新展现一遍。马特·里德利（Matt Ridley）说，"同源基因重演了过去的物种进化过程。正如恩斯特·海克尔（Ernst Haeckel）所言：'个体发育史重蹈种族发展史。'个体在胚胎发育过程中重复种系进化过程，这就是所谓的'胚胎重演律'"[1]。

---

[1] 马特·里德利：《基因组：人类自传》，北京：机械工业出版社，2015 年版，第 226-227 页。

可以理解，一个好的行为规则一旦被遵循，就会给遵循者带来好处，反过来，该遵循者就会长期持续地遵循这一规则，而这一时间规则决定着该生物的空间结构，使其空间结构与时间规则相对应，使该生物更易于实行该行为规则。空间结构久而久之会内化为基因，作为遗传信息被记录下来。行为规则从两个方面被记录到基因中：一个是通过与之对应的空间结构被记录到基因中，而间接地被记录下来。如某种空间结构就是便于特定的行为而形成的，比如牛的反刍行为是因为牛有两个胃的空间结构而实现的。一个是直接被记录到基因中，如婴孩吃奶。

问题是，世间万物并不是静止不变的，生物演化史就是一部生物身体结构不断变动的历史；尤其是人，会发现一些新的行为规则，这些行为规则在实行了相当长的时间以后，是否会内化为基因？生物学、心理学的研究部分地透露，行为会导致身体（空间结构）的变化，身体变化会导致基因的变化。达尔文在其《物种起源》中说，"习性肯定有着影响"。他注意到"家鸭的翅骨要比野鸭的翅骨轻，而其腿骨却比野鸭的腿骨重"，他把这"归因于家鸭比其野生的祖先飞翔剧减而行走大增"。他又列举了"在惯常挤奶的地方，牛与山羊的乳房要比在那些不挤奶的地方更为发育，而且这种发育是遗传的"，来证明存在"用进废退"[1]。因而，行为规则的改变会导致基因的变化。

达尔文的后继者爱德华·威尔逊说，"首先变化的应是行为，然后才是结构"，"社会行为也常用作进化先锋。整个进化过程一般包括行为变化，随之伴有形态变化"[2]。也是在讲，行为规则的变化是演化的先行变化，由它带动身体结构的变化，进而基因的变化。基因就是稳定的身体结构的信息，它的任务是传递给下一代。最为明显的用进废退的例子就是人的大脑。人类在近几万年的时间里，大脑容量明显变大，是因为人类的社会组织规模在逐渐变大，人们处理更复杂的人际关系需要更复杂的大脑，于是产生了社会脑——容量较大的脑子。[3]

---

[1] 达尔文：《物种起源》，南京：译林出版社，2013年版，第35－36页。
[2] 爱德华·威尔逊：《创世记》，北京：中信出版集团股份有限公司，2019年版，第15－16页。
[3] 叶航，陈叶烽，贾拥民：《超越经济人》，北京：高等教育出版社，2013年版，第157－161页。

脑子可以用来观察、记忆、计算、推理、决策等，广义地，脑子产生的观念也是一种行为，符合道的观念也是一种行为规则。这种符合道的观念也可称为道德观念，这正与"德者，得也"的表述相吻合，既然道德观念是一种思维的行为规则，它也可以内化为基因。因而，人的道德之源也可能是基因中就有的先天的道德。如孟子说人有"四善端"，"非由外铄我也，我固有之也"。人类学家举了一个男教师的例子。他脑子里长了一个良性肿瘤，压迫了前额叶皮层，结果他行为下流，多次企图强奸和猥亵。但当他做手术切除了这个脑瘤后，他就变得正常了。① 这说明，大脑的"硬件"中确实有一部分是专司道德行为的。

更进一步，脑科学家的研究发现，人用大脑做的每一个决策，都会因其后果对该人的利害而反馈给大脑，鼓励做出正确决策的神经元或神经元群之间的联结，或称"动态核心"。埃德尔曼指出，"脑在进化中由自然选择（它决定了价值约束和主要结构）产生出来之后，某个个体的脑是由躯体选择来运作的"②。"每个脑最突出的特点就是其个体性和多变性。脑的所有组织层次上都表现出这种多变性，它使脑在面对未知世界的各种信号时，得以选择和增强那些能使机体适应环境的神经元群之间的联系。"③ 所谓躯体选择就是行为。也许脑的进化是由行为的进化而产生的身体变化而间接导致的，而遵循道的观念及其决策从长远看对行为者总体上有好处。久而久之，大脑结构即心性就会朝着遵循道——道德规则的方向发展。

我自己的体会是，当我到英国或日本这样左行的国家开车时，总是不知不觉地偏左行驶，这大概是我在国内习惯了右行的缘故。持续地长时间地习惯于一种行为会造成观念的惯性，甚至可能还会内化为基因。当然，这些有倾向性的行为累积内化的规则，并不具有普遍性和永久性，因为不同的民族、国家和文化究竟不是普世的，且与其他规则相比没有绝对的优越性。就如我在国内形成的开车习惯，无助于我在英国、日本开好车，因而与具有内在的普遍的法则

---

① 克里斯托弗·博姆：《道德的起源》，杭州：浙江大学出版社，2019年版，第29页。
② 杰拉尔德·埃德尔曼：《意识的宇宙》，上海：上海科学技术出版社，2019年版，第237页。
③ 顾凡及：《脑与电脑究竟有多像？——从神经达尔文主义到达尔文机》，公众号"返朴"，2021年5月19日。

的人性相比，是特殊的暂时的性状。但那种在任何国家、任何时候都普遍适用的行为规则，则不会如此特殊和短暂，由它形成和内化的基因会永驻人性之中。

按照达尔文的理论，所谓"优越"，是指一个行为规则更适于生存，因而遵循这种行为规则的人，无论是其基因决定的，还是其后天习得的，都会生存下来。于是我们可以反过来判断，凡是已经成为人类的生物，必定是在之前的各种选择中，选对了行为规则；而没选对行为规则的，则或已经灭亡，或停留在之前的较低级阶段。因而，人与其他生物之间的区别，就是人的性与其他生物的性的区别；人的性与黑猩猩的性的区别就是人性。天命之谓性，所谓"天命"，就是宇宙演化的结果，这一结果是确然存在的，因而就像"命运"或"命令"的结果一样。"天所赋为命，物所爱为性"①，性就是这一结果的性状。

五、用达尔文主义再证性与道的对应

《道德经》云，"道生一，一生二，二生三，三生万物"。又云，"万物恃之以生而不辞"。"道生万物"，道是行为规则，也是空间形式，这与亚里士多德说的质料加形式就是物是一个意思。如果道——行为规则是宇宙万物形成的源头，那么宇宙万物可以被理解为决定它们形式的道。道是"无状之状，无物之象"，如果略去物的表象，万物就是万道；物之间的关系就是道之间的关系，生物之间的竞争就是道之间的竞争，就是行为规则的竞争。

如前所述，各种行为规则可以对应地成为空间结构，而这种空间结构会记录在基因中，基因就是一种信息程序。借鉴计算机软件的比拟，格雷戈里·蔡汀指出，生命就是软件。软件的具体形式就是DNA。这是大自然的编程。"生命的起源其实就是软件的起源，就是DNA的起源。DNA是在每一个细胞中发现的通用编程语言。"这种软件是随机地生长和演化的。从最开始的单细胞到最复杂的人类，这个软件是在已有软件的基础上演变而来的。"大自然是一个

---

① 朱熹：《近思录》，北京：中国文联出版公司，1995年版，第7页。

勤杂工，是一个修补匠，你凑合着用旧的东西，你给它们打补丁，你修补它们使得它们可以再利用。"① 因而人体中的 DNA 包含着最初单细胞得以成功生存的 DNA，也包含着以后演化升级的各个层级的生物得以成功生存的 DNA。"我们的身体充满软件，且都是非常古老的软件。我们有来自海绵的子程序，来自两栖类的子程序，来自鱼的子程序。……每个细胞含有 DNA 软件的完整副本，相当于包含整个生物历史。"②

"凑合着用旧的东西"其实就是达尔文说的生存下来的适者，是经受了环境适应、生存竞争和自然选择存活下来的东西，这东西就是 DNA。不过这已经不是旧的东西，而是有着更高效率、具有新功能的东西，经过多级的演化，在一个极端会与另一个极端非常不同。DNA 作为记录生物空间结构和时间形式的信息，实际上是记录了导致生存的行为规则。因为归根结底使生物生存下来的是它们的行为，而不是它们的身体结构，身体结构只是行为的条件和边界，并且相对来讲是不易变的，而行为则灵活得多。行为的易变性使生物能够探索到新的生存策略，尤其是在同种生物之间竞争时，因为身体结构相近，更优越的行为可能会帮助取胜。因而，人类这个从单细胞就开始开发的软件包含了从单细胞开始所有幸存下来的行为规则。

这种看法也得到了遗传学家的支持。马特·里德利（Matt Ridley）说，"基因知识就像一段一段的计算机程序，它们使用同样的编码，可以在各种系统中运行。即使在物种发生分化 5.3 亿年之后，人类和果蝇依然能够互相识别对方的'代码'。可见计算机的比喻是贴切的。距今 5.4～5.2 亿年的寒武纪大爆发时期，生物体进行了各种实验，产生了各种形态，这点与 20 世纪 80 年代中期人们设计计算机软件的情形很相似。也许就是在那个时候，有一种动物很幸运地发明了第一个同源基因，而我们都是它的后代。……和它一起生活在那个年代的，还有许多竞争对手，但毫无疑问，它的后代统治了整个地球，或者至少大部分地球"③。

---

① 格雷戈里·蔡汀：《证明达尔文：进化和生物创造性的一个数学理论》，北京：人民邮电出版社，2014 年版，第 30 页。
② 格雷戈里·蔡汀：《证明达尔文：进化和生物创造性的一个数学理论》，北京：人民邮电出版社，2014 年版，第 29 页。
③ 马特·里德利：《基因组：人类自传》，北京：机械工业出版社，2015 年版，第 225 页。

如何判断一种行为规则应该被记录到基因中，这大概取决于时间。一个行为规则如若成功，它首先应该让实行它的个体生存下来，并且在生育后代后，让后代继续遵行这一行为规则，而结果也是好的，即后代都生存下来了。这个行为传递给后代的方法是后天学习，即父母教子女如何行为，在较长时间后可能形成习惯或传统。这自动考验了这一行为规则，认为它值得固定下来，尤其是后代遵循它也会获益，因而值得记录到基因中，并通过基因传递给下一代。一旦决定要传递给下一代，就必然要将这一行为规则编入 DNA。当然这一过程并非生物自身有意识地进行，而是自然选择机制会自动启动记录那些有利于生物体且经过长期考验的行为规则。反过来说，凡是能被遗传的性状，一定是已经基因化的性状。

这种见解也为现代遗传学家所肯定。他们发现，生活在不同地区，有着不同环境、不同生活习惯、不同饮食结构的人群，在基因上有着差异。例如，最初以放牧为生的民族"进化出了消化奶的能力。而并非因为他们发现自己带有消化奶的基因，而选择了草原生活。这一发现意义重大，它提供了一个文化上的变化导致进化和生物结构变化的案例。基因可以根据需要发生变化，可以根据自由意志发生变化。……有意识和有意志的行为能够改变一个物种的进化压力，尤其是人类"[1]。

DNA 既是一种信息结构，又是一种物质。它由蛋白质组成，而蛋白质本身具有结构，又由 DNA 决定。"生命就是蛋白质和 DNA 这两种化学物质互相作用的结果。"[2] DNA 就是通过化学作用而起作用。"蛋白质代表的是化学作用、生命活动、呼吸、新陈代谢和各种行为等的外在表现——生物学家称其为'表现型'。DNA 代表的是信息、复制、繁殖和性行为等的内在特征，生物学家称其为'基因型'。"[3] 蛋白质是生命形式或行为规则的"硬件"，DNA 则是软件。因而，一旦行为规则被基因化，它就被"硬化"，即这种行为规则就有某种固定的物质结构作为其被实施的保证，而不只是一种概率。这表现在生物生命的特性上，就是这种生物所先天决定的特性，就是《大学》里说的

---

[1] 马特·里德利：《基因组：人类自传》，北京：机械工业出版社，2015 年版，第 241 页。
[2] 马特·里德利：《基因组：人类自传》，北京：机械工业出版社，2015 年版，第 32 页。
[3] 马特·里德利：《基因组：人类自传》，北京：机械工业出版社，2015 年版，第 34 页。

"性"。马特·里德利总结道:"自然选择的过程已经将从环境中获取的有用信息存储在基因里,所以也可以将人类基因组看作经过40亿年积累起来的学习成果。"①

《中庸》所说"天命之谓性",其中"天命"即自然生成之"根命","言天之付与万物者,谓之天命"②,即是宇宙规则之总称。马特·里德利说,"蠕虫、苍蝇、鸡和人类的胚胎基因惊人的相似,这有力地证明了它们拥有共同的祖先。……通过对比各个物种发育基因中的'词汇',人们发现它们都有着相同的'词语'"③。既然人类是从蠕虫、苍蝇等演化而来,那基因里必包含蠕虫等的被自然选择证明有效且可继续演化的基因,以及基因所包含的形式和规则。正如程子所说,"心譬如谷种,其中具生之理,是性"④。朱熹说这个比喻很好。谷种是遗传基因的载体,基因信息包含了形式和规则,因而人性、心性就内含着宇宙万物的道。这个道,由其使宇宙演化至人的生成来看,是善的,因为人的复杂性需要以其合作的、友爱的、尊敬的价值克服无数障碍才能实现。

六、从性中发现道

有了道与性这样的对应性,人们对道的探究就有了新的方法。由于道的隐而不见,处于"恍兮惚兮"之中,往往"见首不见尾",故不易发现道的真身。这是因为道是行为规则,是时间形式,在没有任何物遵循的时候,只是一种抽象的形式,没有具体形态,因而看不见。即使有物遵循,也因是时间结构而随时间流逝而消失。当把"性"等同于"道"时,由于性具有空间结构的稳定形态,因而可以从容地观察。可以有两种观察方法:一种是动的方法,即观察行为,因为行为就是"率性而为";一种是静的方法,即内省。尤其是把性看作人性、心性或自性时,对道的探究就变得简便易行、豁然开朗。于是就

---

① 马特·里德利:《基因组:人类自传》,北京:机械工业出版社,2015年版,第525页。
② 程颢,程颐,《二程遗书》,上海:上海古籍出版社,2000年版,第172页。
③ 马特·里德利:《基因组:人类自传》,北京:机械工业出版社,2015年版,第231页。
④ 朱熹:《近思录》,北京:中国文联出版公司,1995年版,第486页。

有"心生道也"①,"心即理","自性即佛性"。人们无须外在观察,而是反身内省。关于这两种方法,我在《道的发现》一文中做了一点讨论,在这里还可以更为深入地讨论。

首先看对行为的观察。广义地,这里指的本性是万物之性。支配万物的法则可以从万物的行为——运动中发现。狭义地,本性是指生物之性;更狭义地,是指人之性。实际上,在人类历史中早就开始了对人的行为的观察。只不过人的行为五花八门、纷繁复杂,观察人的行为必须找到要点。这就是观察人的行为形成的行为规则,即习俗。习俗就是人们率性——顺应本性的结果,这会引起人们的注意。每个人的行为是受他或她的本性的支配,他们之间的互动会产生合作的结果。这恰对应于哈耶克的"自发的秩序",因为率性而为就是"自发"。这是因为在他们的基因中就有善端,虽然只是"善端"而已,只是苗头,却至少能促进他们之间的合作,比如交换或分工,这是其他动物所没有的情形。由此形成了他们之间的习俗,在中国,这称为"礼"。那些不利于合作的行为却不能产生好的结果,并且行为者还会遭到报复,因而这类行为就不能形成各方都坚持的规则,就会逐渐消失。习俗或礼就是保留下来的自发秩序——正当行为规则,就是接近道的行为规则。

在中国春秋时期,孔子就是通过对礼(习俗)的观察、思考和提炼,发现其中蕴含的社会秩序。孔子及其学生对西周当时存在的礼和夏、商代遗存的礼进行了观察、收集和整理,形成了《礼记》《仪礼》和《周礼》这三部经典。在《礼记》中,儒家不仅收集记录了具体的礼的形式,而且对礼为何如此这般进行了讨论,并且在最后提炼出行为规则中的道德价值。《礼记》云,"君子欲观仁义之道,礼其本也"②。《左传》季文子说,"礼以顺天,天之道也"③。这说明,当时的文化精英很清楚地知道礼与道之间的表里关系,他们在做从礼中发现道的努力。《礼记》中的两章——《大学》和《中庸》,就是对道及其性质的提炼和总结。《大学》说"率性之谓道",就是在对礼进行了大量观察、收集、记录和整理后,进行深入思考得出的结论,并非空洞之论。

---

① 程颢,程颐:《二程遗书》,上海:上海古籍出版社,2000年版,第329页。
② 《礼记今注今译》,王梦鸥注译,北京:新世界出版社,2011年,第219页。
③ 余英时:《论天人之际》,北京:中华书局,2014年,第53页。

近代科学，尤其是物理学，是以对物的运动的观察从而发现运动规则为特征的，如伽利略发明望远镜便利了对天体运动的观察，开普勒将观察到的太阳与地球的相对运动特征提炼总结为开普勒定律，牛顿的宇宙体系就是描述在其中物体运动规则的系统性理论。化学是对形成元素空间结构的原子运动规则的描述，亦是对元素之间通过交换原子和联结原子行为而化合成新物质的规则的总结。光学是对光子行为规则的探索；电磁学则是对电子运动及其磁效应，以及电磁互动规则的观察描述。在科学观察和研究过程中，也会得出物质特性，如果没有对行为规则的观察，就很难得出物质特性的结论来。如物质的质量是因加速度的存在而显现出来；又如光子的直线传播和波动的行为特征，显现出光的波粒两相的空间形式。

科学家们用数学公式精确地描述物质的"行为规则"。如开普勒定律发现了太阳系的行星的行为规则。它们的轨道是椭圆的，行星和太阳的连线在相等的时间间隔扫过的面积相等，所有行星绕太阳一周的恒星时间的平方与它们轨道半长轴的立方成比例。又如牛顿第二定律，$F=ma$，质点的加速度与同一方向施加的外力成正比。这两者都精确地描述了物质的"行为规则"，让人们能够预见该物体在下一刻如何"行为"；甚至告诉人们这样"行为"的原因，如是因为有一个力。这是对物的"率性行为"观察并思考的结果，它们的行为规则——道就包含在它们的行为之中。

狭义地，既然性主要是指人的本性，而对于作为人的研究者来说，就可通过对自己的本性的内省来窥探道的存在和形式。人类也很早就发现这种性与道的对应关系，并用内省或顿悟的方式去探究道。如《道德经》通篇讲道，却没有一项对道的外在观察，很显然是侧重内省的。《道德经》说，"道之为物，惟恍惟惚。惚兮恍兮，其中有象；恍兮惚兮，其中有物。窈兮冥兮，其中有精；其精甚真，其中有信"。这既说明老子对道的外在观察没有把握，说它"惟恍惟惚"，又说明他内省中看到道的大概样貌，"其中有象""其中有物""其中有精""其中有信"。有大概的形象，有物的样貌，有精致的细节，有可信的内容。通过这样的内省，《道德经》大致描绘出道的轮廓，如：

道法自然。

曲则全，枉则直，洼则盈，敝则新，少则得，多则惑。

道常无为而无不为。侯王若能守之，万物将自化。

道生一，一生二，二生三，三生万物。万物负阴而抱阳，冲气以为和。

大成若缺，其用不弊。大盈若冲，其用不穷。大直若屈，大巧若拙，大辩若讷。

天之道，损有余而补不足。

当然，在佛家和儒家传统中，也有内省或顿悟探究道的传统。在佛家中，最突出的是禅宗的公案棒喝的方法。公案就是给出一个问题，并不需要通过逻辑推理来回答，而是要调动急智来回答。这个急智就是内心顿悟，通常表现为对公案问题所暗含的道理的发现。最经典的莫过于六祖慧能对"风动""幡动"的公案，以"心动"应之。这一来跳出了这个二选一的死循环，二来不去探究两者的物理原因，而是直接跳到认识论上，用人的心性来说明为什么"动"。在儒家中，虽然主流的思路是从"率性"角度探讨道，但也有内省的非主流传统。这一传统在那些主流的儒家人物身上都有，从孟子的"善养我浩然之气"，到朱熹的"默坐澄心，体认天理"，最为典型的是王阳明的龙场悟道。阳明自言在龙场洞中，"日夜端居澄默，以求静一；久之，胸中洒洒。……忽中夜大悟格物致知之旨，寤寐中若有人语之者，不觉呼跃，人才皆惊。始知圣人之道，吾性自足，向之求理于事物者误也。默记《五经》之言证之，莫不吻合，著《五经臆说》"。在静坐澄默的状态下，自然本性所包含的道自动涌现出来，他马上与经典比较加以验证，结果是"莫不吻合"。王阳明后来所著《五经臆说》就是这次大彻大悟的成果，可惜他自己将此书烧掉，其学生在废稿中发现了残留的十三篇。其中，对《易传》"晋"卦的讨论可看作他心中对这一卦的直觉理解。他说，"日之出地，日自出也，天无与焉。君子之明明德，自明之也，人无所与焉。自昭也者，自去其私欲之蔽而已"。他得出的"心即理"其实早已在经典中有所表述，只是这出自他的本心，与经典参照，"莫不吻合"。他的《五经臆说》既是以经证心，亦是以心证经，心经互证。

虽然在人们印象中，西方思想家似乎较少采用内省或顿悟的方法，实际上这在西方是有传统的。余英时指出，在希腊的"史前史"中有着"萨满传统"①。巫祝、萨满的方法之一就是精神方法，而希腊萨满的"精神锻炼"诸项中，最值得注意的是"控制呼吸"。这大概是内省的早期功夫——冥想。这种传统或许通过不太为人知的途径一直传到近代。18世纪的西方思想家休谟和康德在探究人性时，似乎都采用了内省的方法。我们发现，在休谟的《人性论》中，引文并注明其出处的情况很少，而在康德的《纯粹理性批判》中，则没有任何引文。康德经常会说，"在我们里面……""我们里面"是什么，应该是我们的性灵。当他说"纯粹理性"时排除了任何外在的经验，因而是没有任何外部信息进来或刺激的内在心灵状态。

在写作《纯粹理性批判》的过程中，康德于1772年2月21日给马斯库·赫茨的信中说，"如果这些物不是按照它们刺激我们的方式被给予我们的，如果这种理智表象是建立在我们的内部活动之上的，那么，这些物究竟是怎样被给予我们的？理智表象与并非由自己产生的对象之间具有的一致又来自何处？"②他的答案是，"纯粹知性概念的根源在于心灵的本性，但这样说，既不是指心灵受到客体的作用，也不是指心灵创造了客体自身"③。不言而喻，是先天地存在的。他在信中又提到，"克鲁秀斯则假定了某些植入的判断规则和概念，上帝为了使它们与物互相谐合，而按照它们必然存在的方式，植入人的心灵之内"④。虽然他随之否定了这种看法，但难道这不是他内心想法的羞怯表达吗？康德所说的"物"，既包括物的表象，也指物自体，而后者，其实就是物的形式。这也对应中文的"道"。于是，与物谐和的规则和概念就是与"道"对应的"性"。

七、为什么还要"修道之谓教"

"率性之谓道"的认识给我们发现道带来便利，但我们却不可将"性"与

---

① 余英时：《论天人之际》，北京：中华书局，2014年版，第186–189页。
② 康德：《康德书信百封》，上海：上海人民出版社，2019年版，第46页。
③ 康德：《康德书信百封》，上海：上海人民出版社，2019年版，第45页。
④ 康德：《康德书信百封》，上海：上海人民出版社，2019年版，第46页。

"道"简单地等同起来。即使宇宙演化将道——行为规则内化于我们的本性之中,"人"与"天"之间还是有重要区别,这就是,人是有限的,而天——宇宙是无限的。人是有限维度的存在,其体量是有限的,寿命是有限的。体量有限,就是能量有限,而信息的表达和体现是依赖于能量的,如果能量不足,就无法无限制地率性而为,无法充分将规则外在化,就无从全面观察。体量有限也体现为理性有限,即大脑容量有限,从而精神活动也就有限,即使是内省或顿悟也会受到限制。无论观察还是内省都是需要时间的,这就受制于人的寿命有限。宇宙作为一个在时空上无限的存在,所有行为规则都可以在其中展现,所有对新的行为规则的探索都可以在其中进行。虽然宇宙演化的结果可以凝结在人的身体和大脑里面,但其展示和体现还是受到了限制。

这种"人"与"天"的异同,朱熹讲得很明白:"天大无外,而性禀其全,故人之本心,其体廓然,亦无限量。惟其梏于形器之私,滞于闻见之小,是以有所蔽而不尽,人能即事即物穷究其理,至于一日会贯通彻而无所遗焉,则有以全其本心廓然之体,而吾之所以为性,与天之所以为天,皆不外此而一以贯之矣。"① 天——宇宙是无限的,但天赋的人性却能内含所有天道,只是体量有限和经验有限有些天道被遮蔽了。但仍可以通过探究事物之理,终有一天会融会贯通作为整体的天道,以达到与天同一的境界。虽然后面讲得有点过头——人永远不可能达到与天同一的境界,但朱熹强调要通过格物致知、沉思内省才有可能达到还是对的。这个努力过程就是"修道"。

所以,当我们说"率性之谓道"时,是说"我们有从性中发现道的潜力",性中理论上包含着所有的道。但我们从性中发现道还需功夫,即观察的功夫、思考的功夫和内省的功夫。这些功夫都是有上限的,要不然,怎么不是每个人都自动地成为圣人?即使圣人也不能把握所有的道,如《中庸》所说,"虽圣人亦有所不知焉"②。可以说,"率性之谓道"是说人性包含了道,但不会自动显现所有的道;"性者道之形体",是说人性所内含的规则就相当于道,并不是可以从对人性的观察或内省中发现和把握所有的道。因为如上所述,人是有限的存在。康德将知识视为人的先天知性与后天感性的结合的产物,即是

---

① 朱熹:《近思录》,北京:中国文联出版公司,1995年版,第489页。
② 《大学·中庸》,北京:中华书局,2016年版,第85页。

说，人还要经历时间获得经验才能形成知识。六祖说佛法只应向内求自性，也是要有一个"求"的过程。阳明先生龙场悟道，也经过了静坐功夫和与经典验证的过程，而阅读经典是要花时间的，因而寿命有限的人不可能穷尽所有的道。

把人性比作矿藏，里面蕴藏着所有的道。要获得道的知识，还需要挖掘。这就需要经验，需要求索，需要阅读，需要验证，需要内省，需要顿悟，就是一个"修道"的过程，就是"教"。然而"教"是一个耗费时间和理性的过程，因而从人的时间和理性有限来看，一方面人类可以从自性中发现道，另一方面即使经过修道过程，人类也永远不可能把握所有的道。正如康德认为的，人可以看到事物表象，但不可能认识到物自体，这类似于道；也与哈耶克等强调的理性不及的不可知论不相矛盾。这就将"率性之谓道"的主张与唯理主义或灵知主义——人将自己视为神的主张区别开来。

人性中所内含的道有很大一部分是在人身中自动起作用，这是通过基因表达使神经元被激发或被抑制，使体内细胞或器官依道而行，从而产生对身体状况的协调，而人本身对此一无所知；还有一部分是通过人的潜意识起作用，人们也并不明确知道这些行为规则是什么。只有很少一部分道——行为规则是人们可以观察到或体悟到的。率性的行为有时就是本能的行为，不假思索，因而人们知其然，不知其所以然。所以人的行为发生具有规则意义的作用，是在不知不觉之中发生的，当人的多次行为互动的结果呈现出来后，人们才能注意到。正如哈耶克所说，习俗是人们的非目的的行为的结果。习俗形成相对于人们最初的行为显然有滞后性，因而，人们也不是一开始就察觉到自身的性。"率性之谓道"并不是马上就能认识道。

对显现出来的率性的结果，也不是就会一目了然地发现道，还需要进行仔细地反复地观察，将其记录下来，并讨论和思考，才能从中提炼出其中包含的行为规则。这需要理性能力，而理性又是有限的，又因人而异，有些人天生聪明，大多数人需要学习修身，才能达到一定的理性能力。因而从性中发现道的能力是需要教育和培养的。另一种形式，内省或顿悟，也是极少人能生而知之的，即使佛陀、穆罕默德或王阳明，都是经过静坐修炼才能达到，因此也是"修道之谓教"。

人的身体结构和大脑结构具备了道的硬件，但道的具体显现和实行还需"软件"，这些"软件"就是从外界输入的，如阅读经典，而阅读经典也有一个与心性互相印证的过程；并且还要输入信息，如感官刺激，才能形成显现的规则，将善端培养成善心；并且，人的偏私与良知一样，是生而有之，良知的显现需要时日，而经常会被偏私遮蔽，只有去除偏私，才能显现良知。内化于人心的行为规则还只是规则，在规则之下，人还可以有很大的自由选择空间，采取不同的行为，这之间也会有优劣的差别。"修道"，即修身求道，包括静修自省、观察思考、阅读经典等，才能发现道、体会道，并可能实行道，这就叫作"教化"。所以，"修道之谓教"。

随着人类社会的发展，人的行为规则也在变化，这些新生成的行为规则并不会很快内化为基因，还要经过较长的时间，数代以至数十代人的积累，才会内化为基因。马特·里德利说，"人类的行为很大程度上是由基因决定的，但人类的行为更多的是受到后天所学的影响，基因组就像处理信息的计算机，它通过自然选择从周围环境中吸收有用的信息，并将这些信息加入人体的'设计图'中。而进化处理信息方面则极为缓慢，往往需要好几代才能产生一点变化"①。尤其是人类社会进入文明社会，行为规则已经发生了很大的变化，如暴力行为在大大下降。近代以来，技术和制度变革迅猛，使得人类生存的环境翻天覆地，这必然影响到人的行为方式。以基因的缓慢变化，显然跟不上人们行为规则的调整，因而需要教育或修身来使人们弥补行为规则变化与基因变化之间的滞后。

更进一步地讲，基因只是演化到决定基本行为规则层次，不应也不可能规定得很具体，否则就会失去具体行为的灵活性，不能适应千变万化的实际环境，也无任何创新的余地，也就缺少演化的可能性。"如果根据自然选择的原理，将词汇也变成语言本能的一部分，那么人类肯定不乐意了。因为如果那样，语言将失去灵活性，仅仅成为一种枯燥的工具。"② 因此需要在文化进化与遗传进化之间保持微妙的平衡。内化为基因的行为规则表现为一种基础、一种取向，就如孟子所说的"善端"一样，是善的开端，还不是善，这表明人

---

① 马特·里德利：《基因组：人类自传》，北京：机械工业出版社，2015年版，第275页。
② 马特·里德利：《基因组：人类自传》，北京：机械工业出版社，2015年版，第277页。

是可以教化的。内化为基因的行为规则又是非常抽象的、具有一般性的，不会规定得很细，而是留有大量空间让人们的理性自己选择，这才能适应千变万化、纷繁复杂的局面。这就如同哈耶克所说的"正当行为规则"所具有的抽象性一样。这种抽象性又恰是正当行为规则所应具有的特性，使其灵活多变，让行为更加适宜具体情境。

在基因决定的行为与个体自由选择之间，有着人类社会形成的文化传统。各个文明的文化传统，是由各自的文化精英在对道的探索过程中，观察人们的行为，尤其是互动形成的习俗，从这些"率性而为"中发现行为规则，再将其提炼为文字表述的文明原则，形成文明经典。这些文明经典就是各文明发展出来的文化传统的核心部分。它可以使一般人能够更清晰地掌握这些文明规则，使愚钝之人领悟正当行为规则，使他们在没有基因起作用的情况下，也让行为遵循类似于内在规则的外在规则，从而形成一个遵循文明规则的社会。因而，文明的形成、文化传统的存在，是人类弥补在天道内化为基因与个人理性之间的差异的必然产物，所以"修道之谓教"。

八、结语

《中庸》所言"天命之谓性，率性之谓道，修道之谓教"的论断，貌似仅是一个哲学判断，实际上经得起人类学的检验并能获得其他现代学科的支持，正确、简洁，浓缩了极大的信息量，且简单易行，从而极具超越性和冲击力。

所谓"天命之谓性"，是指宇宙总体之规则的结果，形成万物之性状，尤其是形成了人性。生物演化学说和基因理论揭示，所有生物都共享着一套基因编码语言，在人类的身上包含着此前生物的成功的基因，因而人性就是宇宙总体规则的结果。

既然人性就是宇宙总体规则的结果，人的顺性而为就会显现行为规则，即是"率性之谓道"。这样就将"道"与"性"对应起来，即可以从性中发现道。因为道作为行为规则，在没有被遵循时是看不见的，即使被遵循也是随时间而逝，不易被发现，所以才有老子的"恍兮惚兮"之说。当知道了"道"与"性"的对应关系后，对道的探究就变得容易了，既可以通过观察互动结果，又可以向自身求索，即"心即理"。

虽然人性与天道有这种对应关系，但人与宇宙的最大区别是有限和无限的区别，这使得人类虽然本性内含了天道，但其显现和被观察、被认识仍需时间和理性，时间有限和理性有限的人类不可能认识全部天道，只是具有认识天道的潜力。对道的观察、思考、验证的过程就是"教"。"教"就是求道修身，因而也是弥合基因决定和理性选择之间错位的重要方法，以及弥补基因演化与行为规则变化之间滞后的文化因素。

最后，《中庸》得出"天命之谓性，率性之谓道，修道之谓教"结论的方法，也正是这一论断所包含的方法。通过对自然和礼（行为结果）的观察和内省直觉的方法，再加上经典验证和理性思考，就能发现道和性的对应关系。

新礼教，新君子

——现代君子人格的内涵及其养成

胡骄键[*]

【摘要】 儒学乃是一套培养与时代生活方式相契合的君子人格的学问，礼教便是养成君子的具体途径。不同时代的礼教形态造就了不同内涵的君子人格。具体而论，前现代之旧礼教旨在养成孝子忠臣这种旧君子。但孝子忠臣显然不再适宜于现代社会，所以，我们应该建构一种具有现代精神的新礼教来养成现代社会的新君子。

【关键词】 礼教；君子；新礼教；新君子

"君子"一直是中国人的理想人格形态。儒学可以说就是一套如何养成君子的学问，而儒学养成君子之法门乃是通过礼教。近年来，如何让人成为君子，既是学术界的热门主题，也是社会上的热门话题。但是，当前的种种讨论中，有的讨论充满了一种原教旨主义的色彩，即仍将传统社会的君子人格之内涵作为培养人的目标，这显然是在开历史的倒车。事实上，儒家的君子内涵并非一成不变，而是随时代生活方式的不同而与时变化的。前现代社会君子的核心内涵主要是让人成为具有忠顺品格的孝子忠臣，这种孝子忠臣的人格形态显然不适合现代社会。那么，具有现代精神的君子人格的核心内涵究竟何在？又如何养成呢？

---

[*] 作者简介：胡骄键，哲学博士，南京航空航天大学马克思主义学院副教授，主要从事儒家礼教内涵及其现代转型研究。

一、原始儒家对"君子"核心内涵的界定

按雅斯贝尔斯的看法,人类文明的每一次进展都以重回轴心时代的思想姿态而取得思想火种的,自然人格形态的"每一次伟大提升都源于同古典世界的重新接触"[①]。因此,阐明具有现代精神的新君子的内涵,我们需要先回到先秦原始儒家那里去,探明君子的一般内涵,进而澄清皇权时代君子的时代内涵,从而为现代新君子内涵的确立奠定理论基础和寻找历史依据。

"君子"一词早在《诗经》和《尚书》中就多次出现。一般认为,在早期用法中,君子是一个政治社会概念,与"小人"相对,意指处于社会上层的统治者。余英时就说:"'君子'在最初既非'道德之称',更不是'天子至民'的'通称',而是贵族在位者的专称。下层庶民纵有道德也不配称为'君子',因为他们另有'小人'的专名。"[②] 近来,也有学者从政治学的角度讨论君子之内涵及其时代转换。[③] 但我们完全可以在更一般的意义上讨论原始儒家君子概念的内涵。事实上,在孔孟荀原始儒家的思想中,政治社会上之有位者已不再是君子之核心内涵。人之是否为君子,乃在于更一般地探寻人是否有仁爱心,以及是否能知时应变,故可从仁与智两个方面探寻原始儒家关于君子人格之内涵的一般性阐释。

(一)仁爱

众所周知,孔子是以"仁"为人之核心界定。这就意味着,孔子的理想人格——君子乃是仁者。余英时就指出,在儒家"'士'、'仁者'、'贤者'、'大人'、'大丈夫'以及'圣人'等观念也都和'君子'可以互通"[④]。《论语·里仁》篇即云:"君子去仁,恶乎成名?君子无终食之间违仁,造次必于是,颠沛必于是。""仁"乃是人之为人在任何情况下都不可或缺者。

[①] 卡尔·雅斯贝尔斯:《时代的精神状况》,王德峰译,上海:上海译文出版社,2013年版,第114页。

[②] 余英时:《现代儒学的回顾与展望》,北京:生活·读书·新知三联书店,2004年版,第275页。

[③] 郭萍、黄玉顺:《"君子"人格的政治哲学意涵及其时代转换》,《社会科学战线》,2021年第8期,第22-28页。

[④] 余英时:《现代儒学的回顾与展望》,第275页。

"仁"的内涵是"爱人"。"樊迟问仁。子曰：'爱人。'"（《论语·颜渊》）"君子学道则爱人"（《论语·阳货》）。所以，在孔子的思想中，人之为人就在于人有仁爱情感，能爱人。就此而论，蒙培元先生认为儒家视"人是情感的存在"①乃是得孔子之真义的。

孟子继承了孔子以"仁爱"为君子的核心内涵。《孟子·离娄下》云：

> 大人者，不失其赤子之心者也。
>
> 人之所以异于禽兽者几希，庶民去之，君子存之。舜明于庶物，察于人伦，由仁义行，非行仁义也。
>
> 君子所以异于人者，以其存心也。君子以仁存心，以礼存心。仁者爱人，有礼者敬人。爱人者，人恒爱之；敬人者，人恒敬之。

"赤子之心"就是仁心。在孟子看来，不但人禽之别，而且君子和小人（不管是在政治意义上还是在道德意义上）之别就在于能否"以仁存心"，能否仁爱地对待他人他物。

荀子同样延续着以"仁爱"为君子之核心内涵的思想进路。《荀子·子道》篇云：

> 子路入，子曰："由！知者若何？仁者若何？"子路对曰："知者使人知己，仁者使人爱己。"子曰："可谓士矣。"子贡入，子曰："赐！知者若何？仁者若何？"子贡对曰："知者知人，仁者爱人。"子曰："可谓士君子矣。"颜渊入，子曰："回！知者若何？仁者若何？"颜渊对曰："知者自知，仁者自爱。"子曰："可谓明君子矣。"

从这段文字可以看出，荀子不但继承孔子仁爱为君子之核心内涵的思想，而且把仁爱的内在结构还作了系统的阐释，即仁爱就是由"自爱"而"爱人"的推扩。自爱乃是爱人的起点。仅有自爱，自然不足以称君子。但仅爱人而不

---

① 蒙培元：《人是情感的存在——儒家哲学再阐释》，《社会科学战线》，2003年第2期，第1-8页。

知自爱，也不是君子。虽然自爱不必然意味着会爱人，但一个不自爱的人，必不会爱人。过去，我们一说到仁爱，想到的就是压抑自爱地去爱人，这完全不符合生活的实情。荀子这里就清楚地揭示了仁爱乃是"自爱—爱人"的平衡。

至此，我们可以说，原始儒家的君子内涵至荀子就表达得十分清楚：以社会主体（人）[①] 为中心的自爱且爱人，这乃是君子的核心内涵。

当然，作为理想人格形态的君子还有多重内涵，如君子之勇、君子之义、君子之直以及修己与安人等，但君子之勇、义、直以及修己安人等皆出于"仁"。《论语·宪问》就说："仁者必有勇。勇者不必有仁。"孟子也大讲"由仁义行，非行仁义"（《孟子·离娄下》），等等。但总起来看，君子的"勇""直""义"等内涵都是统摄在"仁爱"这一核心内涵之下的，故本文这里只讨论君子人格的核心内涵——仁爱。

（二）知时应变

仅仅饱含仁爱情感并不是成为君子的充分条件。仁爱一定要能实实在在地去爱，要实实在在地在生活中展开才是真正的仁爱。爱不是单纯的内在状态，而是行动，是去爱。因此，君子一定是一个有能力去爱己爱人的人，是一个把爱落实到生活中、行动中的人，这也是儒学作为一种入世学问的根本要求。

君子是一个能够随处境、随生活方式的不同而以不同的方式去爱的人。君子并不死守现成的教条、角色，而是一个知时应变的人。故《论语·里仁》篇说："君子之于天下也，无适也，无莫也，义之与比。"君子对于天下的人和事，并无特别的偏爱，也无特别的漠视，一切唯义所在。"义"即是宜，而宜与不宜则须视处境、视生活之实情而定。所以，儒家尽管主张积极入世，但却从不主张莽撞行事，而是必须洞察时机。"天下有道则见，无道则隐"（《论语·泰伯》），"直哉史鱼！邦有道，如矢；邦无道，如矢。君子哉蘧伯玉！邦有道，则仕；邦无道，则可卷而怀之"（《论语·卫灵公》）。隐与见、仕与不仕不是世故与油滑，而是君子知时应变的一种表现。

---

① 须注意的是，作为社会主体的人的形态并不总是单个的人的形态，社会主体乃是随时代生活方式之不同而呈现为不同形态的。简单地讲，殷周之变乃是社会主体从氏族转进到宗族，周秦之变则是从宗族转进到家族，清民之变则是从家族到个体。参见黄玉顺：《不辨古今，何以为家？——家庭形态变迁的儒学解释》，《福建师范大学学报》，2021年第3期，第46–56页；黄玉顺：《国民政治儒学——儒家政治哲学的现代转型》，《东岳论丛》，2015年第11期，第33–41页。

若君子不能知时应变，空有一腔仁爱之心，无论爱己还是爱人，都恐难实现。《论语·雍也》里记载了一则对话：

> 宰我问曰："仁者，虽告之曰：'井有仁焉。'其从之也？"子曰："何为其然也？君子可逝也，不可陷也；可欺也，不可罔也。"

"井有仁焉"之"仁"当作"人"。意谓跟一个仁者说有人陷于井中，仁者应该不顾自身安危入井救人吗？孔子反对不冷静判断而不顾自身安危地入井救人，所谓"何为其然也？"当然，君子于此事也不能袖手旁观，故"君子可逝也"。何晏《集解》云："逝，往也。"① 君子必须往视之且设法救人，但不可轻易陷井救人，也不可强迫君子入井救人。马融即云："可欺者，可使往也。不可罔者，不可得诬罔，另自投下也。"② 不对救人之事作出理智的判断，是为不智，孔子并不赞许。朱熹《集注》也说："盖身在井上，乃可以救井中之人；若从之于井，则不复能救之矣。此理甚明，人所易晓，仁者虽切于救人而不私其身，然不应如此之愚也。"③

没有理智，仁爱之情显然是不能实现的。《论语·公冶长》即云："未知，焉得仁？"光讲仁爱之情，而不是用智以体察爱己爱人之方法，不可称之为君子。君子必不愚！君子用智体察爱己爱人之法包括两个层次：

一是要体察生活的实际处境，以决定究竟采取何种具体行为。如前述"井有人焉"的情形下，并不是不顾一切地跳到井里救人，而是要运用理智寻找最佳的救人办法。

二是要用智体察时代生活方式的变迁，以知什么样的方式才能让人用与时代生活方式相契合的方式去爱己爱人，也就是要建构起与时代生活方式相适宜相契合的政治道德规范才是正当的，这事实上就是儒家"礼有损益"的深意所在。

前一个层次涉及的是具体行为的正当性问题，后一个层次涉及的是政治道

---

① 程树德：《论语集释》，北京：中华书局，1990年版，第415页。
② 程树德：《论语集释》，第415页。
③ 朱熹：《四书章句集注》，北京：中华书局，1983年版，第91页。

德规范的正义性问题。相对而言，在第一个层次上，人们一般都能运用理智能力采取与时代政治道德规范相契合的合理的具体行为。但甚少有人能根据生活方式的变迁反思既有的政治道德规范，从而采取与新的生活方式相适宜的仁爱行动。君子超越于常人的地方就在于不仅能视实际生活处境采取合宜的具体行动，更能敏感时代生活方式的变迁，对既有之政治道德规范进行反思，从而建构起与时代生活方式相适宜的能让人实现"自爱—爱人"的制度规范体系。所以，《易传》总是强调"时义"的重要性。"天地盈虚，与时消息"（《易·丰·彖》），"君子尚消息盈虚，天行也"（《易·剥·彖》）。在儒家看来，不知时应变，不足以为君子。

孟子就特别称赞孔子为"圣之时者"，其理想也在于"乃所愿，则学孔子"（《孟子·公孙丑上》）。《孟子·万章下》云：

> 伯夷，圣之清者也；伊尹，圣之任者也；柳下惠，圣之和者也；孔子，圣之时者也。孔子之谓集大成。集大成也者，金声而玉振之也。金声也者，始条理也；玉振之也者，终条理也。始条理者，智之事也；终条理者，圣之事也。

孙奭疏云："孔子之圣，则以时也。其'时'为言，以谓时然则然，无可无不可，故谓之集其大成，又非止于一偏而已。"① 这里的"金声玉振"本指音乐，实则泛指礼乐。所谓"条理"，也就是秩序化、制度化。故而"金声玉振"实偏指"礼"。因此，孟子的意思乃是说孔子之所以为圣，乃在于孔子能根据时代生活方式的不同而重新制礼作乐，亦即建构起与生活方式相适宜的、本诸仁爱精神的政治道德规范，这才是君子之为君子的又一核心内涵。孔孟这一思想，在荀子处得到了更为简洁的表达。《荀子·大略》言："君子处仁以义，然后仁也。""义"即是"宜"。处仁以义，就是要求爱必须与时代生活方式相适宜。唯有爱得适宜，才是真正的爱，才是能实现的爱。如何才能爱得适宜？自然是要能知时应变。

---

① 赵岐注，孙奭疏：《孟子注疏》，上海：上海古籍出版社，1990年版，第187页。

总之,"仁"与"智"乃是君子的核心内涵。《孟子·公孙丑上》即云:"仁且智,夫子既圣矣。"在"仁"与"智"两者之间,"仁"又是更为根本的因素,"智"出于"仁"①,故儒学又称为"仁学"。

二、皇权时代"君子"的核心内涵

仁与智作为君子的核心内涵,在不同时代生活方式条件下有不同的具体表现形态。在秦汉以降的皇权帝国时代,君子之仁是以当时的社会主体——家族为中心展开自爱而爱人的,由此,君子仁爱之情在这一时代表现为忠孝之德。君子之智的表现须从两个方面来观察:一是在皇权帝国时代前期,知时应变地明确了忠孝乃是此一时代君子之中心内涵;二是在皇权帝国时代后期,由于君子之德的道德形而上学化,使得忠孝成了一种宗教性道德,从而使得君子知时应变之智陷落,而呈现出一种"反智"的倾向。

(一)孝子忠臣:皇权时代的君子

中国历史可大体划分为三个时代,其间有两次重大转型。此三个时代分别为:王权时代、皇权时代和民权时代。周秦之变就是从王权向皇权转折的拐点,亦即从以宗族为社会主体的生活方式转向以家族为主体。相应地,帝制时代君子之"自爱—爱人"内涵就是以家族为主体展开,这也是知时应变的一种表现形式。

中国历史经历周秦之变进入皇权时代以后,家族成了社会生活的主体。任

---

① 李泽厚在解释《论语》"井有仁焉"时说:"'仁人'并非笨蛋,可以随意欺侮陷害。因'仁'中本即有'智'……可惜如今仁者多为老实人,而老实人总是受欺侮、戏弄和陷害。"(李泽厚:《论语今读》,北京:生活·读书·新知三联书店,2004年版,第183页)仁人君子并不是不智的老实人。君子一定要用智以体察生活的实情,然后才能以恰当的方式爱己爱人。李泽厚这里所说的"仁本有智"是一个很有见地的观点。这个观点一反西方哲学传统一般所认为的理智能力乃是先验的看法。不过,李泽厚未在这一点上有清楚的阐述。牟宗三也有类似看法。他说:"孔子说仁已包含着智。"(牟宗三:《中国哲学的特质》,上海:上海古籍出版社,2007年版,第61页)在这一点上,黄玉顺先生说得更为透彻。黄先生在《爱与思——生活儒学的观念》中仔细梳理了理智能力是如何从生活本身,从前主体性的本源性情感中生成的(参见黄玉顺:《爱与思——生活儒学的观念》,成都:四川大学出版社,2006年版,第95-119页),笔者曾将此简要地归纳为"由爱生知"(胡骄键:《面向生活本身的情理之辨——"生活儒学"全国学术研讨会述评》,《当代儒学》第16辑,成都:四川人民出版社,2019年版,第278-288页)。

何个人的行动都是作为某个家族的一员而行动的,个人并无独立自主的地位。个人的行动都需要以家族的利益、目标为中心,整个家族共同分享行为的成果并一起承担相应的责任。整个帝国也是皇家的私产,天下各家族都是皇家的臣属,即所谓"视天下人民为人君囊中之私物"[①]。因此,建构家族的基本理念可移而为建构帝国的基本理念。

家族乃是拥有共同血缘者所组成实体,维系此实体的基本理念就是基于血缘亲子之情的孝。正是通过对"孝"以及由此伸展出去的"悌"这样的血缘亲情的强调,家族才将家族成员牢牢地扭结在一起,使家族成为一种集体性人格形态的社会生活主体。这实质上意味着,家族要成其为社会生活的主体必须要让家族个体成员放弃自爱,专爱家人。如此,家族才具有凝聚力,才能成其为一个实体性的主体。

将凝聚家族的"孝悌"移至帝国便是对君主的"忠"与对官长的"顺"。成书于汉初的《孝经·广扬名》篇即说:"事父孝,故忠可移于君;事兄弟,故顺可移于长。居家理,故治可移于官。是以行成于内,而名立于后世矣。"治国不过是治家的放大版。在家做孝子,才能在国做忠臣,故求忠臣必于孝子之门。忠臣的典型体现就是放弃家族之自爱而爱皇家,一如人子放弃自爱而爱父祖家人一般。

可见,在皇权时代,君子之"自爱—爱人"是以集体人格形态的家族为中心展开。一方面要求家族成员放弃自爱,以成就家族;另一方面又要求家族放弃自爱而爱皇族。因此,皇权时代的君子人格充满着内在的矛盾。因为,真正的君子乃是"自爱—爱人"的平衡。人不自爱是不可能的。故皇权时代的君子总有忠孝难以两全的苦恼,总有行孝的艰难。总起来看,皇权时代以家族为社会主体的"自爱—爱人"始终存在着断裂。

从忠的一面看,在皇权时代,皇家傲视天下,无任何一个家族能与之对等。这就意味着,皇权仅有自爱而无爱人,因为根本无与之对等的家族可以来让其爱。所以,忠之观念实质上是要求一般家族单方面地向皇家效忠。但在儒家"自爱—爱人"的基本结构中,一般家族在自爱的同时还要爱人,即爱其

---

① 黄宗羲:《明夷待访录·原臣》,北京:中华书局,2011年版,第16页。

他家族。可是这种"自爱—爱人"乃是被笼罩在皇家的"自爱"之下的，这就意味着一般家族的自爱事实上是不能得到尽情施展的，而皇家的自爱则是可以任意施展的。正是皇家的自爱妨碍着一般家族的自爱。当自爱尚且不足时，爱人则很难展开。这便是孟子说的："仰不足以事父母，俯不足以畜妻子，乐岁终身苦，凶年不免于死亡。此惟救死而恐不赡，奚暇治礼义哉？"（《孟子·梁惠王上》）所以，视天下为囊中之物的皇家虽然不得不依赖于一些一般家族以统治天下，但其根本上是不信任这些家族的。皇家潜在地知道是自己的自爱妨碍着一般家族的自爱，所以皇帝基本都会"用一人焉则疑其自私，而又用一人以制其私；行一事焉则虑其可欺，而又设一事以防其欺。天下之人共知其筐箧之所在，吾亦鳃鳃然日唯筐箧之是虞，故其法不得不密。法愈密而天下之乱即生法之中"①。

　　帝国层面皇家只知自爱，并以己之私为天下之大公的做法又会反过来投射到一般的家族之中。也就是说，在家族内部，君子的"自爱—爱人"其实也存在着断裂。和皇家无与之匹配之家族让其有爱人的可能性一样，家长、族长在家族内部也无一人可以与之匹敌来让其施展爱人的可能性。家长、族长就是家内之君。《颜氏家训·序致》篇即云："吾家风教，素为整密。……规行矩步，安辞定色，锵锵翼翼，若朝严君焉。"② 治家若朝是皇权时代许多家族的理想，这是被写进不少家训、家礼之中的。当然，这并不是说传统家族之内就完全没有家人之间的温情。而且，不少家训、家礼也明文要求父母家长应该慈爱幼小，但是与皇族以一己之私为天下之大公一样，家族之长通常也以一己之私为家族之公，纸面上虽有慈爱幼小等文字，但并不能落到实处。

　　证诸史籍，皇权时代之影响社会深且巨者之君子楷模无一不是孝子忠臣。在这种强调个体之顺从、依附的忠孝观下，君子人格主要就表现为一种无个体主体性倾向。所以，从现代立场看去，传统之忠孝观当然是新文化运动时期所说的"吃人"。对于孝，《礼记·内则》言："子妇孝者、敬者，父母舅姑之命，勿逆勿怠。若饮食之，虽不耆，必尝而待；加之衣服，虽不欲，必服而待。"孝子必须对父母之命无条件地绝对服从；对于忠，董仲舒说："为人臣

---

① 黄宗羲：《明夷待访录·原法》，第23-24页。
② 王利器：《颜氏家训集解》，北京：中华书局，2014年版，第4页。

者，其法取象于地。故朝夕进退。奉职应对，所以事贵也；供设饮食，候视疾，所以致养也；委身致命，事无专制，所以为忠也。"① 简言之，事君必须如父，而不可自专。可见，帝制时代的君子在君父面前，是完全谈不上个体主体性的，

论者或谓，后世儒者虽然是君主之臣，但也呈现了一定的个体主体性的。如范仲淹所讲的"先天下之忧而忧，后天下之乐而乐"就很典型地显示了士人的个体主体性与责任意识。确实，范仲淹所说的士人之忧患意识确实显示了一定的个体主体性，但这种主体性更多显示的是一种工具性功能，即投身于皇帝及其帝国事业的主动性和积极性。正如黄宗羲所批评的那样，"其（君主）所求乎草野者，不过欲得奔走服役之人。乃使草野之应于上者，亦不出夫奔走服役，一时免于寒饿，遂感在上之知遇，不复计其礼之备与不备，跻之仆妾之间而以为当然"②。尤其是在科举制下来看更是如此。专制君主通过科举选拔寒门士人于江湖之中，使士人获得了一种对于整个天下的虚假主体责任意识，似乎真的能在为皇帝和帝国的服务之中实现天下太平。于是，士人之理想人格形态——君子就成了公而忘私之人。薛涌曾指出："儒家传统在大一统的君主专制秩序中展开后，儒家的主流就着眼于'大'，注重于'天下'，并常常忘了'小'。"③ 但问题是：此"大"和"天下"并不是儒者的，而是皇帝的。公而忘私的结果不过是帮助君主实现举天下以奉一人、一姓之私欲而已。正是"这种家国天下的怀抱，不仅支撑着古代的专制主义，也为现代专制主义的意识形态提供了基本预设"④。可见，以范仲淹所说为代表的这种主体性乃是一种极具牺牲奉献精神的德性主体，这种主体性确实能给人一种令人振奋的崇高感，但这种德性个体主体性或许更多的是儒学现代转型受限的根源。因此，这种以忠孝为核心内涵的个体德性主体性乃是一种"虚显"⑤ 的个体主体性。

总而言之，儒家君子"自爱—爱人"的内涵在皇权时代主要呈现为君子

---

① 苏舆：《春秋繁露义证》，北京：中华书局，1992 年版，第 459 页。
② 黄宗羲：《明夷待访录·原臣》，第 18 页。
③ 薛涌：《学而时习之》，北京：新星出版社，2007 年版，第 27 页。
④ 薛涌：《学而时习之》，第 27 页。
⑤ 李海超、黄玉顺：《个体主体性的虚显——儒学现代化受限的根源》，《南京社会科学》，2018 年第 11 期，第 49 - 54 页。

的忠孝之德。孝子忠臣就是横亘这两千年历史的理想君子形象！这种忠孝之德的重要功能就是在抑制人（无论个人还是家族）之"自爱"的同时要人去"爱人"，从而建构起家族这种集体人格形态的社会主体和维系皇家所有之帝国的大体平稳。

（二）尽孝尽忠：君子之智的发挥

在皇权时代，君子之知时应变的两个层次可以从前后两个不同时期来观察。在前期，儒者知时应变地确立起皇权时代以家族为社会主体生活方式条件下的君子内涵——忠孝之德；在中后期，则主要表现为让人用智于成为孝子忠臣，失去用智反思和批判孝子忠臣之正当性的维度，亦即对用智体察时代生活方式变迁的一面用力不够，从而表现出一种反智的倾向。

在皇权时代前期，君子知时应变之智主要表现为确立与家族为社会主体之生活方式相一致的君子内涵。叔孙通、董仲舒、公孙弘可以说是顺应这一时变之儒者的代表。余英时先生斥他们为"儒学法家化"[1]的始作俑者，而有所贬斥。其实，余先生的这种看法主要是把儒学视为某种现成不变的思想体系，采取一种思想史的说法而已。但事实上也完全可以说他们知时应变地本诸儒家仁爱之基本立场开始着手建立与以家族为社会主体的生活方式相适宜的儒学形态。故而从他们开始，大谈子弟对父兄之孝悌和臣民对君长之忠顺。因为他们遭遇的生活世界是已形成了法家最先倡导的"君尊臣卑"之局面，儒学必须与这种生活方式相适宜。

皇权时代君子知时应变之智真正的问题在于秦汉以降确立起君子忠孝之内涵以后，儒者们开始把本来是情感的"忠"和"孝"的道德形而上学化地提升为天道、天理的内涵。

《说文解字》："忠，敬也。从心，中声。"故"忠"本指内在恭敬之情，此亦仁爱情感之一端。又《玉篇》云："忠，敬也，直也。"[2]结合起来看，忠就是内在恭敬之情真诚无伪地向人呈现，但帝制时代所强调的"忠"因其原有的尽己之情而绝对化为放弃自主性并依附于官长之德。"孝"的情形也一样。

---

[1] 余英时：《反智论与中国政治传统》，《历史与思想》，台北：联经出版事业股份有限公司，1976年版，第31-35页。
[2] 顾野王：《大广益会玉篇》，北京：中华书局，1987年版，第41页。

"孝"本是亲子之情，但在帝制时代也被道德形而上学化为顺从于父之德。

董仲舒就说："《春秋》君不名恶，臣不名善，善皆归于君，恶皆归于臣。臣之义比于地，故为人臣者，视地之事天也。为人子者，视土之事火也。……不敢与父分功美，孝之至也。是故孝子之行，忠臣之义，皆法于地也。地事天也，犹下之事上也。"① 又说："君臣、父子、夫妇之义，皆取诸阴阳之道。"② 阴阳之道就是天之道。为凸显对个体自爱的抑制，董仲舒还特别讲君臣、父子以及夫妇之间的"兼义"。

> 阴者阳之合，妻者夫之合，子者父之合，臣者君之合。物莫无合，而合各有阴阳。阳兼于阴，阴兼于阳，夫兼于妻，妻兼于夫，父兼于子，子兼于父，君兼于臣，臣兼于君。君臣、父子、夫妇之义，皆取诸阴阳之道。君为阳，臣为阴；父为阳，子为阴；夫为阳，妻为阴。阴道无所独行。其始也不得专起，其终也不得分功，有所兼之义。是故臣兼功于君，子兼功于父，妻兼功于夫，阴兼功于阳，地兼功于天。③

从董仲舒的论述就可以看出，孝子忠臣完全是依附于君父的存在者而没有任何的自专自主。更为关键的是，孝子忠臣对君父的依附性、顺从性成了恒常天道的要求。二程兄弟就说："君尊臣卑，天下之常理也。"④ "父子君臣，天下之定理，无所逃于天地之间。"⑤ 这就意味着，本来是生活情感之一种的"忠""孝"现成化、道德形而上学化为了天道、天理，而此天道、天理又必下落为人之德。由此，忠孝便具有了一种宗教性道德意义。李泽厚就说："'孝'曾经长久是中国人的'宗教性道德'。"⑥ 李泽厚这里虽是仅说了"孝"，但是"忠"之宗教性道德因素也是一样的。托名马融所撰的《忠经·天地神明章》就云："天之所覆，地之所载，人之所履，莫大乎忠。"

---

① 苏舆：《春秋繁露义证》，第325-326页。
② 苏舆：《春秋繁露义证》，第350页。
③ 苏舆：《春秋繁露义证》，第350-351页。
④ 程颢，程颐：《河南程氏遗书》卷18，《二程集》上，北京：中华书局，1981年版，第217页。
⑤ 程颢，程颐：《河南程氏遗书》卷5，《二程集》上，第77页。
⑥ 李泽厚：《历史本体论》，北京：生活·读书·新知三联书店，2002年版，第52页。

一旦忠孝成了宗教性道德，人就只能顺从此宗教性道德的要求而不能对皇权时代那种君尊臣卑、父尊子卑、夫尊妻卑的生活秩序有任何的怀疑和批判。成为君子就不再是对既有之生活秩序进行反思和批判，不再对忠孝观有任何的批判与反思，而是只能调动自身的智能让自己去尽孝尽忠，做好孝子忠臣。正是在这个意义上，我们说在皇权时代君子知时应变要义主要表现在这一时代的早期，后期则偏于用智于尽忠尽孝而已。在皇权时代后期，成为君子就只需要用智把自己放到早已设置好的孝子忠臣的框框之中，故皇权时代的忠孝君子其实内蕴着一种反智的因素。

当然，这里所说的反智并不是反理性、反认知，不讲理性、毫无知识的人事实上也是做不成孝子忠臣的。发挥孝子忠臣对家族和帝国之工具性功能是离不开理性能力和知识的。但是孝子忠臣的理性能力是有边界的，即不可以对君尊臣卑、父尊子卑、夫尊妻卑之既有生活秩序进行反思和批判。说孝子忠臣蕴含的反智因素正是在这一层面上而言的。到皇权时代晚期，正是由于孝子忠臣失去了何以要成为孝子忠臣的反思，以致闹出诸多的愚忠愚孝。对此黄宗羲曾义愤地批判道："小儒规规焉以君臣之义无所逃于天地之间，至桀、纣之暴，犹谓汤、武不当诛之，而妄传伯夷、叔齐无稽之事，使兆人万姓崩溃之血肉，曾不异夫腐鼠。"①

这里必须严正补充一点：本文所论虽然偏重于阐明皇权时代孝子忠臣乃是这一时代君子人格的主要内涵，但并不意味着带有反智倾向的孝子忠臣就是这个时代君子内涵的全部内容。比如，董仲舒虽然认为人必须要成为孝子忠臣，但他并不完全主张反智的愚孝愚忠。众所周知，董仲舒虽然强调要"屈民伸而君"，但他也还要引"天"来约束君，所谓"屈君而伸天"②，而天心乃是民意的表现，这多少是显示了对愚忠愚孝的批判的；同样，二程兄弟虽然强调"君尊臣卑"，但他们更是以道统的接续自任，并意图以其所代言的道统来规训君主所代表的治统。但是，我们也必须清楚地知道，整体而论，不可置疑的君臣、父子、夫妇之间的尊卑主从关系乃是横亘两千多年的主流认识基本框架。就此而论，具有反智倾向的孝子忠臣明显是皇权时代君子人格的主要

---

① 黄宗羲：《明夷待访录·原君》，第9页。
② 苏舆：《春秋繁露义证》，第32页。

内涵。

三、礼教：君子的养成途径

在儒家，君子作为一种理想的人格形态并不是被视为某种现成的存在者，而是在生活中循礼而行，逐步养成的。成为君子，并没有一个现成的终点。君子就是要不断地循礼而行，不断地去成为君子。循礼而行，正是儒家礼教的核心要义所在。《论语·为政》即云："子贡问君子。子曰：'先行其言，而后从之。'"

（一）孔子论君子的养成

对于成人，众所周知儒家有两种流行的看法。一主性善，认为人生来就是善的，扩充其本有之善性，即可成为君子。从之者皆引孟子为说；一主性恶，认为人生来就是恶的，成善为君子乃属人为。从之者多皆本荀子而立论。

事实上，孔子并无性善性恶之说，只有"性近"说。对孔子而言，成君子还是成为小人，关键在于人之所"习"。故《论语·阳货》篇言："性相近也，习相远也。"除此而外，孔子并无直接言性的文字，更多的则是讨论如何成为君子的做法。这就意味着，孔子并非现成人性论者，而是人性生成论者。

对于孔子所说的"性近习远"，何晏注引孔曰"君子慎所习"一语是得其要义的。邢昺疏称："此章言君子当慎其所习也。性，谓人所禀受，以生而静者也，未为外物所感，则人皆相似，是近也。既为外物所感，则习以性成。若习于善则为君子，若习于恶则为小人，是相远也，故君子慎所习。然此乃是中人耳，其性可上可下，故遇善则升，逢恶则坠也。孔子又尝曰：'唯上知圣人不可移之使为恶，下愚之人不可移之使强贤。'此则非如中人性习相近远也。"① 邢昺之疏将这句话与接下来的"唯上知与下愚不移"合在一起进行解释，硬把通过"习"所得之性称之为中人之性，以维持圣贤之"上知"与"下愚"乃是先验现成的。这其实是把后世的解读附加给了孔子。

---

① 何晏注，邢昺疏：《论语注疏》，北京：中国致公出版社，2016 年版，第 274 页。

事实上，邢昺疏的前半段解释是正确的。孔子并不主张什么现成的善恶之性，而是强调"性"乃是通过"习"而生成的。正如黄玉顺先生所说："孔子固然已经有人性论的观念，但未必有后世那种'性善'、'性恶'之类的观念。孔子更加重视的，不是先天的'性'，而是后天的'习'，亦即注疏所说的'慎其所习'。"① 因此，作为理想人格形态的君子，自然也不是现成的，也是通过"习"，也就是在生活中的习行、实践而不断养成的。为君子，还是为小人；为上知，还是为下愚，端在其所习。

事实上，孟子和荀子对孔子习以成性、成君子的思想是有所继承的。孟子虽主性善，但也并不认为人就已经是善的，仅仅是强调有善之质。杨泽波教授就认为，孟子之性善乃是一种"向善"②，是把固有之"四心""扩而充之"的结果。荀子则更是强调人为，强调礼法对于养成君子的作用。《荀子·儒效》即云："积礼义而为君子。……故人知谨注错，慎习俗，大积靡，则为君子矣。"王先谦注云："大积靡，谓以顺积习为也。"③ 可见，孟荀思想都程度不同地继承着孔子习以成性，习以成君子的思想。

习以成性，习以成君子，如何习呢？答案就是礼教，就是循礼而行而习。《论语·卫灵公》云："君子义以为质，礼以行之。"能否成为君子，端赖于人之所行所习是否是循礼而为。这便是孔子所说"立于礼"(《论语·泰伯》)的真义所在。实际上，人的任何行动都不可能完全杂乱无章，因为完全一团乱麻不可能是人的生活。生活行事总是意味着要按照某种秩序（亦即某种礼）去行动。循什么样的礼而行动，就会成为什么样的人。循哪个时代的礼而行，就会成为那个时代的人。所以，礼才是"人之急"(《左传·昭公三年》)，才是"人道之极"。《荀子·礼论》云："礼者，人道之极也。然而不法礼，不足礼，谓之无方之民；法礼，足礼，谓之有方之士。""法礼""足礼"就是循礼而行，就是以礼为教。循礼教，则成为有方之士，成为君子；不然，则成为无方之民，成为小人。因此，建构起与时代生活方式相适宜的礼教乃是养成君子的前提。

---

① 黄玉顺：《中国正义论的形成》，北京：东方出版社，2015年版，第146页。
② 杨泽波：《孟子性善论研究》(修订版)，北京：中国人民大学出版社，2010年版，第43页。
③ 王先谦：《荀子集释》上，北京：中华书局，1988年版，第144页。

（二）传统礼教与孝子忠臣的养成

历史地看也是如此，孝子忠臣正是循前现代的礼而行的结果，是前现代礼教的结果。

对于当今的中国人来说，一提到礼教，首先想到的就是对人进行道德强制、道德禁锢，想到"吃人"。实质上，这是新文化运动以来对儒家礼教真义的最大误解。笔者曾撰文指出，儒家礼教的真义在于通过循礼而行，创造、建构起与生活方式相适宜的作为社会主体的"人"及其所置身的生活世界。礼教的真义在于创造、建构。指责礼教"吃人"，其实是站在现代个体主体的立场，对前现代礼教所建构起来的集体性社会生活主体（家族）和等级化生活世界的批判而已。①

社会生活的主体一定是人，但却不一定是单个的人。个体作为社会生活主体乃是现代社会的事情。在前现代，社会生活的主体乃是集体性的家族。个人并无独立之地位，始终是作为某个家族的成员而存在的。理解家族作为集体人格形态的社会主体，需要"我们必须想象自己踏进了一个所有的人或人格皆非我们如今理解的'个体'（individuals）的世界"②。在前现代中国，个人在家族中没有独立自主的地位，没有财产，甚至个人的身体都不属于自己所有。《礼记·坊记》即言："父母在，不敢有其身，不敢私其财。"《礼记·曲礼上》也说："父母存，不许友以死，不有私财。"在婚姻上也是如此。婚姻并不是男子自己娶妻，而是为家族娶妇，以使家族得以延嗣，所以"大昏，万世之嗣也"（《礼记·哀公问》）。严格意义上，夫妻婚姻关系的维持也不是由夫妻二人的情感来决定的。作为家族代理人的父母一旦对儿子的婚姻不满，即可要求儿子"出妻"；即使夫妻感情已破灭，但是父母喜欢，婚姻关系也不能解除。《礼记·内则》即说："子甚宜其妻，父母不说，出；子不宜其妻，父母曰'是善事我'。子行夫妇之礼焉，没身不衰。"这便是传统的孝子之行。"孝"之要义在于让个体让渡自身的独立自主性从而实现"敬顺"二字，"敬顺所安为孝"（《国语·晋语一》）。

---

① 胡骄键：《礼教的现代转化》，《中州学刊》，2021年第12期，第115-121页。
② 拉里·西登托普：《发明个体：人在古典时代与中世纪的地位》，贺晴川译，桂林：广西师范大学出版社，2021年版，第3页。

可以看到，通过家礼的推行，建构起了两个层次的人格形态：首先循家礼而行，个人放逐了自身的独立自主性，使自身完全成为家族的一员，成为家族的附属物，成为实现家族目的之工具。简言之，通过家礼教化，使家族成员成为前现代君子之一种具体形态——孝子；其次，也是凭借家礼教化，若干孝子贤孙才被有序化地组织在一起成为社会生活的主体——家族。在帝制时代，孝子之为孝子，要害就在于孝子的所有行为都不是为自身奋斗，而是为家族奋斗。越能为家族目标牺牲个体自身的利益，越是被称之为孝。

政治层面的"忠"不过是移"孝"而成。"忠"乃是把对父兄的敬顺移之于君长，所谓"移孝作忠"。故"事君不忠，非孝也；莅官不敬，非孝也"（《大戴礼记·曾子大孝》）。当然，养成忠臣的制度规范不再称之为家礼，而是国礼。国不可无礼。和家族的建构一样，国之所以为国，也是通过一定的制度建构起来的。如实行君主制的就是君主国，实行共和制的就是共和国。而制度，在儒家就是礼，故国由礼定，这就是《论语·先进》篇"为国以礼"的真义所在。就秦汉以降的帝制中国来说，定国之礼乃是以"尊君卑臣"为基本指向的。人循此礼而行动自然就会把人养成为尊君所需之忠臣。虽然这并不意味着每一个人都会成为皇朝的不二忠臣，但不可否认的是在两千多年的历史进程中，造反的"逆臣"始终是少数。就像家礼养成孝子一样，虽不能说在家礼教化之下，人人皆是孝子，但逆子始终是少数，至少也不敢明目张胆地做逆子。

在家礼、国礼的推行下，不但使人成为孝子忠臣，还构筑了一个等级化的生活世界。"孝"不仅意味着敬顺，还意味着尊卑等级。如果说单讲"孝"还多少显示了亲子之情的话，"忠"和其他道德规范则偏重于强调尊卑等级的一面。总之，"人无礼则不生，事无礼则不成，国家无礼则不宁"（《荀子·修身》）。前现代礼教养成了与前现代生活方式相适宜的君子——孝子忠臣，同时还构筑了与前现代生活方式相适宜的等级化的生活世界。

四、新礼教与新君子的养成

相比前现代社会而言，现代社会生活的主体已不再是集体性的家族，而是个体。个体不再是作为家族的一员去开展生活,而是独立自主地去展开其生活的,尽管在其去生活之中会与他人进行种种交道往来,甚至竞争搏斗,但都是以个体为本位的。个体独立做出决定,独立承担相应的责任和后果,当然也独立享受最终的成果。因此,以依附性的孝子忠臣为内涵的前现代君子人格显然不应再是现代君子的内涵。那么,与现代生活方式相适宜的君子的主要内涵是什么?又如何养成呢?

(一) 新君子的核心内涵

前文已阐明,儒家君子人格的一般性内涵是仁爱和知时应变,这在现代社会的具体表现是什么样的呢?亦即与个体作为社会生活主体的现代生活方式相适宜的君子的内涵是什么呢?

1. 新君子之爱

遵照原始儒家"自爱—爱人"的基本内涵,既然现代社会的主体不再是传统那种集体人格形态而是个体,那么君子之自爱和爱人就应当是以个体为中心展开的。这就意味着新君子必须是一个能够自爱的人。自爱必自利,自利是自爱的逻辑必然,同时也是自爱的实现途径。

相比于传统孝子忠臣而论,自爱的前提是有"自",亦即个体作为一个独立自主的主体存在。个体不再是依附于君父的非独立人格。进一步,要确保此自爱的实现必要要有自利,即个体自身首先要有一个私人领域。这一私人领域主要表现为一系列政治、经济和社会权利,如个体的人身权、生命权必须是一切权利的根本。不然,根本不可能有"自"。其次,个体人身和生命的维持必须要有属于个体的财产,一个没有专属于他的财产的人根本就是一个无立锥之地的人。在这种情况下,他的人身权、生命权就落空了。再次,人并不是现成的存在者。人之为人乃在于人之去生活行事,因此,还必须承认个体自由地进行各种社会活动的权利。这也是个体人身、财产权得以保障的逻辑要求。如果说,西方社会现代化进程中,个体各项权利的来源在于超验的自然权利的话,儒家对于个体权利之来源并不是这种形而上学的思路,而是立足于仁爱情感。

现代社会个体的自爱自利并不是自私利己。我们知道儒家素来讲求推己及人,推己及人也就是爱人。不过,推己及人不是把己之所有、所好加之于人。儒家之"推"的本质是"让"。爱人是让人自爱,利人是让人自利。《论语·

尧曰》即云:"因民之所利而利之",《论语·雍也》也说:"夫仁者,己欲立而立人,已欲达而达人。"对此"让"人自爱自利的思想,子贡是深得其味的。《论语·公冶长》记载:"子贡曰:'我不欲人之加诸我也,吾亦欲无加诸人。'子曰:'赐也,非尔所及也。'"孔子显然是接受子贡的理解的,只不过孔子认为子贡还做不到这一点而已。所以,新君子"修己以安人""修己以安百姓"(《论语·宪问》)之"安"不是设置一套框框把百姓安置上去,而是让人、让百姓自营自安。

爱己爱人最基本的表现就是不害人。正如穆勒所说:"一个人很可能并不需要别人的恩惠,但却始终需要别人不伤害自己。所以唯有那些保护每个人免受他人伤害——不论是他人的直接伤害,还是由于追求自己的自由受到阻碍而遭到的伤害——的道德,才会立即成为每个人本人最为关心的东西。"[①] 爱己爱人之爱潜在地包含着不伤害自己,也不伤害人,尤其不能为了爱己而伤害人。

让人自爱自利和不伤害人也不意味着对他人安危和困境的冷淡、漠视,而是意在不可以爱人的名义侵犯他人独立自主的私人领域。在现实生活中,我们遭遇过太多的以爱人之名义对他人进行蛮横干预的人和事。爱人不是替他人作主,而是让人自己作主。爱人当然会对处于困境中的他人施加援手,但是他人自主求助的意愿是对他人施以援手的前提。他人求助意愿的表达也并不是一定非要通过语言明确地提出要求。比如在车祸中因受伤而无法说话者,或者其他已经奄奄一息的遭难者,他们已经无法通过语言明确提出求助信息,但是我们每一个人通过道德直觉就知道应该对其施以援手。

概而言之,现代新君子的主要内涵在于以个体为中心去爱己和爱人。现代社会的每一个人都自由而平等地自爱自利,这里没有人格间的依附、尊卑关系。新君子是以对个体权利的尊重为核心的一种人格形态。这种人格形态在政治上的表现就是公民人格,经济上的表现就是理性求利的经济人人格,社会层面的表现就是自由自主的社会人格。新君子的责任、担当、勇气、义务等,都必须以对个体权利的尊重为前提。所以,新君子的核心内涵不是传统孝子忠臣

[①] 约翰·穆勒:《功利主义》,徐大建译,上海:上海人民出版社,2008年版,第61页。

那样以德性为中心，而是以个体之权利为中心。如果前现代之孝子忠臣表现为一种《礼记·曲礼上》所说的"自卑而尊人"的话，现代君子可谓是基于个体权利的"自尊而尊人"。

2. 新君子之智

新君子以尊重各种个体权利为核心的内涵其实正是运用君子之智的结果。新君子之智主要表现在：

第一，对孝子忠臣的反思。对传统孝子忠臣观的反思，进而追求具有现代精神的新君子人格，可以追溯到维新时期。这时期，谭嗣同偏重于"破"的一面，号召要"冲决君主之网罗，冲决伦常之网罗"[①]；梁启超则偏重于"立"的一面，主要表现在其所提倡的"新民说"。"新民说"之要义就在于"今日所当务者可知矣。一曰求一身之自治"[②]，进而求一群之自治、一国之自治。很明显，梁启超偏重于从政治角度说"新民"的内涵。虽然他并未明确地说"新民"在政治层面应该成就一种公民人格，而不再是忠臣，但其意思是很清楚的。

不过，梁启超"新民说"的问题在于他对"公德"的错误理解。他说："我国民中无一人视国事如己事者，皆公德之大义未有发明故也。"[③] 梁启超的关于"公德"和"私德"的区分，并认为传统中国人的缺点就在于只有"私德"而无"公德"，以致造成他身处时代的中国国势不振。在这一点上，梁启超恰恰说反了。皇权帝国时代，天下乃是皇家囊中私物，对皇家的效忠并非真正意义上的"公德"。以一家之私为公不过是一种"伪公德"。家族中的财物也是属于家族这个实体而不是属于某个人，但家族共有并不意味着家族成员能够自由支配家族财物或平等地享受财物，财物支配权乃在家长手中。所以，传统中国恰恰是"伪公德"限制了"私德"的发展，而不是如梁氏所说的那样是"公德"弱而"私德"盛。

当下我们需要的是运用我们的理智能力，对旧君子人格内涵进行反思和批判，从而识别当下各种思潮和主张中哪些是知时应变的主张，哪些是原教旨式

---

① 谭嗣同：《仁学》，沈阳：辽宁人民出版社，1994年版，第6页。
② 梁启超：《新民说》，沈阳：辽宁人民出版社，1994年版，第72页。
③ 梁启超：《新民说》，第20页。

的保守主张。反思、批判孝子忠臣并不是说不要做孝子，不要忠于国家，而是让忠孝回到其本来的情感意义上。新文化运动时期批判孝最为激烈的吴虞都曾说："我的意思，以为父子母子不必有尊卑的观念，却当有互相扶助的责任。"① 吴虞的话也就意味着，现代家庭生活并不拒绝孝，但是一定要拒绝把孝天理化，拒绝前现代孝观念中的尊卑等级的思想。忠也同样如此。

第二，注重理性之工具功能。康德就指出，启蒙运动以后现代人的特质就是人能够公开地运用自己的理性。② 公开地运用理性一方面表现为前文所说的对既有忠孝观的批判，另一方面则是要运用奠基于理性基础之上的现代科学来处理生活中的各种事情，而不是诉诸前现代的种种神秘主义的方法。现代社会是一个贯穿理性主义原则的社会。今天，我们每一个人都能感受到理性在认知和驾驭客观对象方面的巨大力量，这一点无须过多证明。因此，新君子必须是能够理性地权衡各种利弊的人，是能够通过抽象思维的方法找到事物本质并实现对事物的控制的人，是能够通过计算找出达成目标之最佳途径，实现效率优化的人，等等。当然，注重理性之工具功能并不是主张极端工具理性主义，而是由仁爱统摄理性，这就能克治西方现代社会中出现的现代性弊端。当然，这一点须另文讨论。

（二）新礼教：新君子的养成之途

前文已谈到，君子作为一种人格形态并不是现成的。传统的孝子忠臣乃是通过传统礼教得以养成的。有什么样的礼教，就会养成什么样的君子人格。因此，建构起与时代生活方式相适宜的礼教乃是养成君子的前提。那么，要养成具有现代精神的新君子，必然要求建构起有现代精神的新礼教。也可以这样讲，建构具有现代精神的新礼教的过程，乃是个人运用其智反思前现代孝子忠臣这种君子人格，进而捕捉时代生活方式的变迁，把自己教养成为君子的过程。

我们知道，礼教有两个基本的面向：一是制礼面向，二是行礼以教面向。

我们先看制礼面向。礼教之制礼一言以概括之就是：缘情制礼。制礼所缘之情有两层意思：一是缘仁爱情感以制礼，二是缘生活实情以制礼。

---

① 吴虞：《吴虞集》，成都：四川人民出版社，1985年版，第177页。
② 康德：《历史理性批判文集》，何兆武译，北京：商务印书馆，1991年版，第24页。

缘仁爱情感以制礼乃是儒家的基本传统。"仁"是儒家最核心最基本的价值追求，而"礼"乃是实现"仁"的基本途径。《论语·八佾》篇就说："人而不仁，如礼何？人而不仁，如乐何？"又说："林放问礼之本。子曰：'大哉问！礼，与其奢也，宁俭；丧，与其易也，宁戚。'"关于"仁"与"礼"的关系，蒙培元先生就说："仁与礼也可以说是'质'与'文'的关系。"① "仁"是渊源于生活本身的仁爱情感，是一种生活情感，而"礼"则是此生活情感、仁爱情感的条理化，是把仁爱之"自爱—爱人"实现出来的通道。

因此，仁爱不是抽象的概念，爱一定是去爱，是行动，而去爱就一定与生活的实际情况有关，这就是缘情制礼的第二层意思——缘生活实情以制礼。

只有礼教规范渊源于生活的实情，社会主体的自爱和爱人才能顺利实现。否则，爱不得其宜，就很难谓之爱了。缘生活之实情以制礼，实际是缘一定时代生活方式条件下生活行事本身所蕴含的秩序、节律、轨迹以制礼。王夫之将此描述为："养其生理自然之文，而修饰之以成乎用者，礼也。"② 只有缘现代生活方式的"生理自然之文"，修饰之以成礼，使人遵循此礼而生活行事，才能实现现代社会以个体作为中心的自爱和爱人。

从这个意义来说，礼教之制礼其实是渊源于仁爱这种生活情感的一种生活自身演化而成的生活秩序，是在一定时代生活方式条件下通过社会主体自身的生活行事"积淀"（李泽厚语）而成的。所以，儒家礼教素来所讲的"圣人制礼"不是圣人师心自用，以一己臆想来制礼。圣人之所以为圣，并不是他有完全异于常人的高妙人格，而仅仅是一个充满仁爱之心且善于用智以"倾听生活，倾听生活的显现，倾听生活的无声的言说"③ 者。易言之，圣人是善于领会一定时代生活方式条件下生活行事本身的秩序的人。

我们再来看新礼教的行礼以教面向。制礼的目的在于行礼以为教化从而实现对人和世界的创造、建构。即所谓"礼，履也"④。《白虎通》也说："以为

---

① 蒙培元：《蒙培元讲孔子》，北京：北京大学出版社，2005年版，第65页。
② 王夫之：《俟解》，《船山全书》第12册，长沙：岳麓书社，2011年版，第487页。
③ 黄玉顺：《爱与思——生活儒学的观念》（增补本），成都：四川人民出版社，2017年版，第259页。
④ 段玉裁：《说文解字注》，扬州：江苏广陵古籍刻印社，1997年版，第2页。

礼者，身当履而行之。"①

人并不是孑然一身孤立地存在的。人始终是"在世界之中存在"② 着的人。世界乃是人之为人的一个生存论环节，而且世界也不是现成地摆在那里的等待人进入的现成框架或对象。世界乃是通过人遵循礼行动而创造、建构起来的。实质上，人乃是通过创造、建构一个自身置身其中的世界来建构自身的。因此，新礼教养成新君子实质是通过新礼教创造、建构一个具有现代精神的生活世界从而让生活于其中的个人成为君子的。新礼教建构现代生活世界大体可以从以下几个方面来考虑。

从政治层面说，个体之成为君子的主要内涵就是成为现代意义的公民，而不是前现代的臣民。在现代，公民才是国家（nation）的主权者。公民如何成为主权者呢？有两个基本的方面：一是根据全体公民的意志制定一套以宪法为中心的法律体系，这套法律系统必须是以保护个体权利和追求幸福生活为旨归的，并且国家治理必须在这个法律体系框架基础之上运行，任何人、任何集团都不能凭借任何势力逸出这套法律框架，都必须在法律许可的范围内行动；二是法律的执行和国家权力的运行必须随时接受公民的监督、批评，法律体系的修订必须是在这种监督、批评中根据公民之生活实情进行调适。如此，政治生活世界其实处于随生活实际处境的流动而不断生成、变革中，这实质意味着世界不断地被建构着，自然反过来也会不断地建构着、丰富着个体公民的人格内涵。

从社会层面说，由于政治层面法律对私人领域的保护，于是个体能够出于自身的兴趣、爱好和利益，通过一定的制度形式（比如契约）与他人结成大小不一的各种社会组织，个体才作为一个自由自主的人存在着。个体组建各种社会组织，既可以避免社会的散沙状，又可以增强个体谋取幸福生活的能力；既可以防止国家权力对个体权利的可能侵犯，也可能有助于国家权力的低成本运行。所以，要成为自由自主的人，需要个人勇敢地走出其身处的由自然因素形成的小圈子，在陌生的广阔天地中与其他人自由平等地交往，创造出多元的

---

① 陈立：《白虎通疏证》，吴则虞点校，北京：中华书局，1994年版，第111页。
② 海德格尔：《存在与时间》（修订译本），陈嘉映、王庆节合译，北京：生活·读书·新知三联书店，2014年版，第62页。

社会存在空间，亦即生活世界的社会层次。

  从经济层面说，个体要能成为社会生活的主体，就必须要让个体能通过交易自由地获取生活所需的各种资源。保护私人财产，使其能在自由和平等互利的框架下进行交易是个体成为社会主体的基本保障。如果某种资源或交易处于被限制状态，就意味着人处于被限制状态。唯有"市场经济（才能）把个人从工具中解放出来，让个人更有权利和尊严"[①]。所以，新礼教之礼建构的经济生活世界乃是一个由市场决定各种资源分配的世界。

  综上所论，养成新君子的新礼教必须本诸儒家仁爱立场，以个体为中心让其以适宜的方式去爱己和爱人，而要实现以个体为中心的爱己和爱人，又需要个体作为社会主体遵循现代生活本身的秩序、节律、轨迹制作新的礼教秩序，并让自身按此礼教秩序去生活行事，在创造出一个现代生活世界的过程中把自身教养成为具有现代精神的新君子。将个人养成为具有现代精神的新君子，既是儒学现代转型的一个重要面向，也能回应现实社会的呼唤。

---

  ① 陈志武：《金融的逻辑2》，西安：西北大学出版社，2015年版，第47页。

现当代儒学之"开放心灵"析论

李海超[*]

【摘要】 "开放心灵"建设是儒学现代转型的重要任务之一。总结现当代儒家学者的相关研究,可以发现,儒家心灵观念系统开放性不足的症结是:否定传统儒学心灵观念建设的高明成就,会丧失儒家文化的主体性;保守传统儒学心灵观念建设的高明成就,会导致儒家心灵的封闭性。为化解这一症结,我们应在肯定传统儒学心灵系统之卓著成就的同时,将传统儒学对绝对无限心之实存或潜存的先天认定转化为追求心灵无限性的后天理想,以有限性心灵为基础实现心灵功能、兴趣、对象、视域、境界的开放。

【关键词】 开放心灵;封闭心灵;绝对无限心;儒学现代转型

近代以来,面对中国社会全方位的大转型,很多儒家学者尝试以开放的心态接受新事物、新思想,而新事物、新思想的接受乃至消化吸收,在根本上要求儒家心灵观念系统,或者说儒家文化所塑造的主体心灵,具有充分的开放性。从要求儒家心灵向科学、民主开放,到要求其向多元宗教、文化、文明开放,可以说,此种开放心灵的吁求至今仍未终止。"开放心灵"的构建是儒学现代转型中的一个重要任务,虽然梁漱溟、牟宗三、唐君毅、蒙培元等诸多儒家学者曾对此做出过卓越的努力,但这一任务尚未彻底完成,且遗留了很多值得反思的问题。为了进一步消解儒家心灵观念系统中尚存的封闭性因素,推进

---

[*] 作者简介:李海超,哲学博士,南京大学马克思主义学院暨中国传统文化研究中心副教授,研究方向为儒家哲学。

儒学"开放心灵"的实现，本文尝试对现当代儒家学者的相关理论贡献做初步的梳理和总结，并在此基础上提出一些新的理论构想。

一、现当代儒学对"开放心灵"的吁求

清末民国以来，西方近现代科技、思想大规模地传入中国，这给传统儒学带来了巨大的冲击。一些过于保守的儒家学者据传统儒学以自守，斥责西方文化为奇技淫巧、逐物丧志的学说；一些开明的儒家学者看到了西方近现代文化的优长，虽愿意积极接受、消化西方文化，但也发现了两者间存在着严重的隔阂。无论排斥还是隔阂，反映到学理层面，均照显出了传统儒学之心灵观念系统中存在着一定程度的封闭性。于是，很多儒家学者发出了摆脱封闭、守旧的心灵，建构（认为原来不够开放，需要进一步开放）或重塑（原本是开放的，因为各种原因走向了封闭）"开放心灵"的呼声。

例如，梁漱溟在《中国文化要义》一书中讲到，中国文化的缺点之一便是"'守旧'，其少有冒险进取精神，一动不如一静……"[①] 因为"守旧"，人们总觉着已有的事物好，心灵就会对新事物产生封闭性，对新事物的探求不感兴趣。所以，梁漱溟一直呼吁国人警惕和摆脱这种守旧、封闭的心灵状态，对于西方的科学、民主要"全盘承受"。[②] 传统儒家心灵不仅对外在事物（自然科学研究、民主政治等）缺乏兴趣，其对异己的道德、宗教文化也表现出了封闭性。这种封闭性在唐君毅看来就是不同的心灵境界之间有障碍，不能贯通，所以他在讲到未来宗教道德和哲学智慧发展的方向时说道："真能体验欣赏不同之形态之人格之道德，而以一开放的心灵，以与一切道德相感通，所成之仁德，必当被重视。"[③] 这里，唐君毅明确提出了"开放的心灵"的说法。其实，追求"开放心灵"是现代新儒家群体的共识，当现代新儒家们在竭力

---

① 梁漱溟：《中国文化要义》，《中国现代学术经典：梁漱溟卷》，石家庄：河北教育出版社，1996年版，第530页。
② 梁漱溟：《东西文化及其哲学》，《中国现代学术经典：梁漱溟卷》，石家庄：河北教育出版社，1996年版，第212页。
③ 唐君毅：《生命存在与心灵境界》，《中国现代学术经典：唐君毅卷》，石家庄：河北教育出版社，1996年版，第908页。

消化吸收西方近现代文化，或者说竭力从中国文化传统开出科学、民主，竭力以中国文化为本探索建构现代性的政治主体、道德主体、知识主体时，他们就是在对"开放心灵"的建构和发展进行探索，只不过他们没有直接运用这样的语词而已。

"开放心灵"的追求也是当代儒学的重要使命。当代学者蒙培元在《心灵超越与境界》一书中对此做过专门的探讨。他说："近代以来，国人提倡科学、民主，但往往是外在的、实用的，要改变心灵的传统'定势'，并非易事。今日要弘扬传统哲学，除了同情和敬意之外，还要有理性的批判精神，实行真正的心灵'转向'，使心灵变成一个开放系统。"[1] 除此之外，新世纪以来，在关于文明对话、宗教对话、儒学与马克思主义对话等诸多前沿问题的讨论中，"开放心灵"都是学者们对当代儒学的一种期许。李锦全在《对儒学当代发展问题的思考》一文中，曾转述方克立的观点，认为儒学要想在现代社会获得发展，就必须放弃传统的道统观念，"把自己摆在一个恰当的位置上，真正做到以开放的心灵、健康的心态对待马克思主义和西方文化"[2]。郑秋月在《儒家传统与世界的文明对话》中讲到，儒学要在 21 世纪发挥作用，"它应有开放的心灵，并应与基督教、佛教徒的大师大德做进一步的对话。以学心听，以公心辩"[3]。杨万江在探讨儒家政治文化的现代阐释和未来发展时也说，"应以开放的心灵，与历史和先贤对话，与古典和现代文明世界对话，与时下各种合理的政治流派及其主义对话"[4]。学界类似的呼声还有很多，这里不必一一引述。

以上只是简单罗列了现当代儒学中有关"开放心灵"建设的呼吁，这些呼吁的持续存在，一方面表明，儒学的"开放心灵"建设确实是尚未完成的，至少已有的成果不是令人满意的；另一方面也表明，探讨"开放心灵"问题对于儒学的当代开展是非常重要的。

---

[1] 蒙培元：《心灵超越与境界》，北京：人民出版社，1998 年版，第 16 页。
[2] 李锦全：《对儒学当代发展问题的思考》，《李锦全文集》第 4 卷，广州：中山大学出版社，2018 年版，第 196 页。
[3] 郑秋月：《儒家传统与世界的文明对话》，转引自陈炎、颜炳罡主编《国际儒学发展报告 2013》，贵阳：孔学堂书局，2014 年版，第 269 页。
[4] 杨万江：《宪政儒学的历史与脉络》，《原道》第 29 辑，北京：新星出版社，2016 年版，第 295 页。

二、现当代儒学对心灵封闭原因的解析

探讨"开放心灵"的建设,首先应该了解心灵不开放的原因。近代以来,很多儒家学者都对此有过深刻的剖析,约而言之,主要有四种类型的观点。

第一种观点认为,儒家心灵观念系统原本是非常开放的,其所以至于不开放,问题不在儒学学理,而是学人对于儒学学理的继承和理解出了问题。唐君毅就是持此种观点的。他指出,在清代之前,士人能够相对自由地组织学术活动和学术团体,一方面与三教九流展开深入的对话,另一方面也能以团体的力量影响政治。此时,儒家人士的心灵是开放的。清军入关以后,高压的政治束缚了士人的思想和活动,士人亦因之而堕落,"只活动于书斋,而不能大活动于社会,即使学术缺乏化民成俗之效。……此即由学者之自我封闭,而有之学术精神之堕落"[1]。所谓学术精神之堕落,在心灵方面,即表现为诸境界之不能相通。而他在《生命存在与心灵境界》一书中所阐述的"心通九境"之学理,就是为了指明不同心灵境界本可相通无碍,而儒家的"德性化成境"正是可与诸境相通而又能圆满上达的最高、也是最开放的心灵境界。

第二种观点认为,儒家心灵观念系统固然是高明的,但因为高明而骄傲自满,遂导致心灵的守旧与封闭。梁漱溟是持此类观点的。梁漱溟在研究中国文化的特点时曾提出过一个非常著名的观点,就是文化"早熟"说。他认为中国文化是早熟的文化,在向外追求物理这一路向尚未走完时便早早地转入向内研究道德和心性修养的路向来了。"早熟"即理性的早启,它给中国文化带来了很多好处,也使中国文化产生了很多弊端,心灵的守旧与封闭就是弊端之一。他说:"一旦把精神移用到人事上,中国人便不再向物进攻,亦更无从而得攻入了。"[2] 这是说,理性的早启使得受中国文化影响的主体心灵丧失了对外物的兴趣。其原因是向外求取、认知的心灵功能——理智受到了遮蔽:"中

---

[1] 唐君毅:《生命存在与心灵境界》,《中国现代学术经典:唐君毅卷》,石家庄:河北教育出版社,1996年版,第906页。

[2] 梁漱溟:《中国文化要义》,《中国现代学术经典:梁漱溟卷》,石家庄:河北教育出版社,1996年版,第490页。

国人则由理性早启，其理智转被抑而不申。"① 理性的早启之所以能够遮蔽理智的充分运用，从根本上来看，是因为理智的早启所带来的盲目骄傲："古人智慧太高（理性早启），文化上多所成就（文化早熟），以致一切今人所有，无非古人之遗，一切后人所作，不外前人之余。后来人愈钻研愈感觉古人伟大精深，怪不得他好古薄今。"所以梁漱溟说："中国，乃是病在高明，非失之愚笨，这是应当记取的。"②

第三种观点认为，儒家心灵观念系统固然有其高明的一面，也确实有其不足，其不足的确是理智的运用不够，但这不仅是因为骄傲自满，还因为传统儒家心灵观念系统本身就有这样的缺陷。牟宗三是持此种观点的。他反对梁漱溟提出的文化"早熟"说，指出中国文化之高明是因为其注重理性，其缺陷在于过于注重理性的运用表现，而忽视了理性的架构表现（亦即理智、认识心的运用）。理性的架构表现不能开出，这是传统儒家心灵观念系统的内在不足，而不是早熟。他说："运用表现，他有其独立的成就，无所谓早熟晚熟。精神的充实发展是永远不断的，故无所谓早熟。中国文化只向运用表现方面发展，而没有开出架构表现。这不是早熟的问题，而是缺了一环。"③ 理智的运用表现是心灵的直觉作用，牟宗三也称之为"神智"，他没有否定"神智"的高明性，然而他也承认，只有"神智"的作用而缺乏理智的运用，将导致中国文化"不出现逻辑、数学、科学，不出现近代意义的国家、政治、法律，这便成一缺憾"④。在讨论到王阳明"致良知"的心学系统时，牟宗三也指出了同样的问题。他指出良知，即天理、天心，是宇宙万物之本体，可在日常生活的致良知过程中，我们又总感觉眼前的桌子、椅子在此心之外，一般致良知的功夫不能将其贯彻到天理、天心之中。究其原因，是传统心学的心灵系统缺少知识论系统。总之，认识心或理智之心灵功能的运用被排斥在心灵观念系统之外，这是牟宗三探寻到的传统儒学心灵观念系统产生封闭性的原因。

---

① 梁漱溟：《中国文化要义》，《中国现代学术经典：梁漱溟卷》，石家庄：河北教育出版社，1996年版，第493页。
② 梁漱溟：《中国文化要义》，《中国现代学术经典：梁漱溟卷》，石家庄：河北教育出版社，1996年版，第480页。
③ 牟宗三：《政道与治道》，长春：吉林出版集团有限责任公司，2010年版，第51-52页。
④ 牟宗三：《政道与治道》，长春：吉林出版集团有限责任公司，2010年版，第51页。

第四种观点认为，儒家心灵观念系统产生封闭性的原因，不只是因为忽视或排斥理智的运用，传统儒学运用理性或"神智"所开显的心灵之整体性、绝对性特征也是需要反思的。提出这一主张的是蒙培元。他指出，传统儒学心灵观念系统的缺陷主要有两个，一个是"整体论的绝对主义"，一个是"内向性的封闭主义"。① 所谓"内向性的封闭主义"，就是注重心灵的内省，因而丧失对外物的兴趣和关注，其原因在于理智的运用不足。此种原因，前文已经多次讲过了，这也是多数儒家学者的共识。不过，蒙培元认为，在"内向性的封闭主义"之外，传统心灵观念系统还有一个缺陷，这个缺陷可以说是导致"内向性的封闭主义"的一个更深层的原因，即"整体论的绝对主义"。所谓整体论的绝对主义，是说心灵在根本层面是能够囊括一切的整体，心灵的根本存在及其呈现的根本原理具有绝对的真理地位。其实，蒙培元这里所指涉的就是梁漱溟、牟宗三等强调的心灵的"高明"性，他认为天理、天心作为终极实体的整体性和绝对性是需要被质疑的。所以，蒙培元并不认为心灵的本体是一种形上的"实体"，反对牟宗三将传统心学理解成"超绝的心灵学"。他认为心体之为本体，不过是一种本源性的、潜在的、具有不断发展之可能性的心灵境界。他说：

> 中国哲学所说的本体，也是一种承诺，但它不是实体，而是本源性存在，或潜在性存在，是一种创造与发展的可能性，其实现则靠作用、功能。……换句话说，本体（天道、天德）是要人来实现的，这是一个过程，其存在方式是境界。本体存在实现为境界，这是需要人去做的。"天功人其代之"，天（本体）的功能，需要人来代替完成，这不只是指"事功"，主要指境界，这也就是中国的"内圣"之学。②

如果说心体只是一种可能性，它的存在是不断开显的境界，其中并不先天地内蕴着绝对性的原理和终极实在，那么传统儒学中的心体观念显然就是有问题的。可能性意味着不能提前把握一切，一切都要在活动中、在心灵的发展中

---

① 蒙培元：《心灵超越与境界》，北京：人民出版社，1998年版，第15页。
② 蒙培元：《心灵超越与境界》，北京：人民出版社，1998年版，第79页。

实现，在此情形下，人们需要对未知事物的出现保持兴趣和谦虚的态度。对比之下，传统儒学的心体观念认为人们先天地拥有整全的心灵视域，认为人心之本体是与天理、天道相契合的，在此种观念下，便容易产生傲慢。所以，蒙培元对传统儒学心灵观念系统之"整体论的绝对主义"之批评，实际揭示了梁漱溟指出的中国文化"失之高明"的理论根源。同时，对牟宗三关于心体的论述也具有反思意义。

以上介绍了现当代儒学对传统儒家心灵观念系统具有不开放性之原因的四种解析，并各举一例做了具体的说明。这四种类型的原因，即便未必能够概览现当代儒学中的全部观点，至少也呈现了其中最具代表性的几种观点。这四种原因，各有其所见之是处：第一种揭示的是外因，是文化传承过程中出了偏差，以致心灵的封闭。其他三种皆属内因，且在学理关系上具有递进性。从理性心灵之"早启"到理性心灵运用方式之缺陷，再到理性心灵本身规定性的局限，步步深入地展现了传统儒学心灵观念系统本身存在的问题。内因的剖析，能够使我们认识到，心灵的封闭性并非完全出自人们对儒学的误解，传统心灵观念系统本身也需要一定的改进。认识到这一点，对于当代儒学的"开放心灵"建设是非常重要的，我们至少可以确定，"开放心灵"不是准确地理解传统就能实现的。

三、现当代儒学"开放心灵"追求的路径与局限

心灵的封闭是内外因素共同作用的结果，因此应当从内外两个方面谋求心灵的开放。不过，就外因而言，既然心灵的封闭出于人们对传统儒学心灵观念系统的误解，因此我们需要做的就是加强对传统儒家心灵观念系统的阐释，尽可能地展示儒家心灵对科学、宗教、政治等各文化和生活领域的开放性。在现当代中国哲学中，唐君毅对于"心通九境"的阐释，方东美对传统文化"广大和谐"的宇宙精神和生命情怀的开显，都是在此方面做出的重要努力，这对人们了解传统儒家心灵观念系统的开放性具有重要的意义。这是一种重要的"返本开新"式的工作。不过，既然传统儒家心灵观念系统确实具有内在的缺陷，因此，我们更应该关注其内在方面的完善和修正举措。

对于儒家心灵观念系统的修正，牟宗三提出了非常著名的"良知坎陷"说。我们先看他的一段相关论述：

> 吾心之良知决定此行为之当否，在实现此行为中，固须一面致此良知，但即在致字上，吾心之良知亦须决定自己转而为了别。此种转化是良知自己决定坎陷其自己；此亦是其天理中之一环。坎陷其自己而为了别以从物。从物始能知物，知物始能宰物。及其可以宰也，它复自坎陷中涌出其自己而复会物以归己，成为自己之所统与所摄。如是它无不自足，它自足而欣悦其自己。①

牟宗三认为，通过良知的自我坎陷，于道德心实现自身的过程中增加认识心这一环节，便可使传统儒家心灵观念系统向知识开放，此种开放也就弥补了儒家文化缺乏"理性之架构表现"这一缺陷。学界对于"良知坎陷"论有各种各样的批评和维护的声音②，这些批评与维护都不是直接从心灵的开放性视角展开讨论的，虽不能说与本文讨论的话题完全无关，但本文可以不涉及这些讨论。我们在这里暂且假定牟宗三的"良知坎陷"论是有效的。而这也只是弥补了儒家心灵观念系统一个方面的缺陷，即不能充分运用理智的缺陷。在上文关于儒家心灵导致封闭性之原因的分析中，蒙培元指出传统儒学之心灵观念系统不仅缺乏理性的架构表现，还存在心灵之"整体论的绝对主义"这一根本性的问题，而牟宗三的"良知坎陷"论并未触及后面这一问题。也就是说，在牟宗三的思想体系中，儒家心灵固然缺乏理智运用的一环，但良知本心，天理，天心之绝对性、圆满性、整体性是不容置疑的。那么，在此问题上，牟宗三与蒙培元两者孰是孰非呢？

其实，这一问题可以追溯到民国时期熊十力与冯友兰关于良知是呈现还是

---

① 牟宗三：《从陆象山到刘蕺山》，《牟宗三先生全集》第8册，台北：联经出版事业股份有限公司，2003年版，第206-207、211页。
② 肖雄：《关于良知坎陷论的批评与辨析》，《价值论与伦理学研究》（2016下半年卷），北京：中国社会科学文献出版社，2017年版，第123-139页。

假定的争论。① 在熊、冯的争论中，冯友兰的"良知假定"说就是对传统儒学良知或本心观念之整体性、绝对性提出了质疑，此种质疑充分反映在冯友兰的"新理学"体系中。在"新理学"中，冯友兰否定了宋明理学特别是心学中作为"大全"的"宇宙底心"的实存。他认为，实际的心的存在一定需要依托具体的质料结构，在此意义上，只有动物或较高等的动物有心，"至于离开这些有实际底心所需要之实际底结构之物，超乎这些物之上，有所谓宇宙底心，照我们的系统看，是不可解底"②。换句话说，冯友兰认为，离开实际存在的心灵观念只能是一种"假定"。而实际存在的心灵，因其"知觉灵明"的功能，固然可以"知众理，知众性，知众情"，但"其中并不具众理"。③ 由此可见，冯友兰也认为传统儒学的心灵观念系统是具有"整体论的绝对主义"问题的。

不过，冯友兰的这一见解一直不能为熊十力一系所接受，他们认为冯友兰不能真正领会传统心性儒学。但近年来，伴随着哲学界对前现代本体论形而上学的反思，传统儒学所主张的实体性、整体性、绝对性的心体观念也越来越多地受到质疑。例如，杨国荣在阐述王阳明哲学的特点时指出，阳明心学的心灵观念存在着个体性与普遍性之间的张力。④ 也就是说，有限的、特殊的个体心灵如何能够内蕴无限性、普遍性的原理呢？这不禁让人反思，整体性、绝对性的心灵观念是否真的能够成立。如果说杨国荣只是提出了质疑，杨泽波则直接指出了传统儒学心灵观念系统的"曲屈性"和"封限性"。他在对牟宗三哲学的批判、反思中指出，心体作为德性本体，其创生性并不是无限的，它并不能创生一切存有，特别是不能创生自然事物，其能够创生的只是"善相"而已。⑤ 黄玉顺在反思牟宗三哲学时也讲过："作为形上本体的良心，绝非作为一个伦理范畴的道德主体或道德意识；道德主体或道德意识都是形而下的东

---

① 参见牟宗三：《五十自述》，《牟宗三先生全集》第32册，台北：联经出版事业股份有限公司，2003年版，第58页。
② 冯友兰：《新理学》，《贞元六书》上册，北京：中华书局，2014年版，第125页。
③ 冯友兰：《新理学》，《贞元六书》上册，北京：中华书局，2014年版，第126页。
④ 杨国荣：《心学之思——王阳明哲学的阐释》，北京：生活·读书·新知三联书店，1997年版，第243页。
⑤ 杨泽波：《走下神坛的牟宗三》，北京：中国人民大学出版社，2018年版，第35-36页。

西，而非形上的本体。"① 可见，除非心灵的本体不被限定在"德性"范畴中，否则它就不可能是无限的，不可能包罗一切和创生一切。不能不说，在以宋明理学为代表的儒家心灵观念系统中，心灵确实具有道德的限定性，而如果这样的心灵观念不具有无限性、整全性、绝对性，而我们却认为它是圆满无缺的，则必然会导致骄傲自满，从而对实际存在于此种心灵之外或对其所不能认识的事物产生封闭心理。

由此反观牟宗三哲学，便可以明白，如果"良知"本身的有限性不被反思和修正，通过"良知坎陷"补充知识论这一环的努力就难以实现，因为良知的有限性使得它无法真正坎陷为认识心，认识心可能本来就是"良知"之外的心灵功能。即便通过"良知坎陷"能够弥补知识论这一环，鉴于良知心体的有限性，儒家心灵观念系统也有可能对其他领域产生封闭性。所以，要想真正实现心灵的开放，儒家心灵观念系统必须取消其存在的"整体论的绝对主义"问题。

针对传统儒家心灵观念系统存在的"整体论的绝对主义"和"内向性的封闭主义"两大问题，蒙培元提出了不同于"返本开新"和"良知坎陷"的另一种方案。他称之为"自我转化"和"自我分化"的方案。他说：

> 要改变整体性的绝对主义，就要自觉地实行自我分化，由绝对的无限心分化为多样化的相对心，从而建立起真正的德性主体、审美主体、知性主体、政治主体、社会主体等等，而又不失其道德主体，这样才能适应时代的发展和进步。这里还包含着个体人格的独立和解放，同时又不失大整体的和谐。心灵是在同外部世界的关系中存在的，"同化"与"适应"是同时存在且相互作用的，如不能"适应"，就只能成为孤立而封闭的绝对主体，陷入盲目的"自满自足"状态，面对新的变化缺乏适应能力。

> 要改变内向性的封闭主义，就要自觉地实行自我转向，开放心灵的求知欲、好奇心，发展自由理性，树立客观理性精神，使内省式的心理定式转变成内外交流互动的形态，在自我修养与向外发展之间保持合理的平

---

① 黄玉顺：《"伦理学的本体论"如何可能——牟宗三"道德的形上学"批判》，《西南民族大学学报（人文社科版）》，2003年第7期。

衡，积极的互动。在提高心灵境界的同时，发展客观的理性精神，这样才能解决心灵的自我发展问题，从而也有助于解决现实问题。①

在蒙培元的方案中，心灵变得多元化了，心灵不再是一个能够在根本上包罗一切的整体，而是"吐出"了外部世界，回归内在，承认心灵与外部世界的同时存在与互动。对于心灵本身，蒙培元也主张将其分化为多样的心灵状态，这样的话，道德心灵、审美心灵、知识心灵之间可以多元地互动，不能说它们之间完全是并列的，至少其中没有哪一种是完全无限的。如此一来，也就彻底打破了传统儒家心灵观念系统的封闭性和傲慢，为心灵进一步的开放提供了可能。

不过，蒙培元的主张也存在一些值得讨论的问题。首先，何谓"自我转向"和"自我分化"？这里是否还预设着一种"绝对的无限心"的存在？它积极主动地收缩自己并分化自己的动力何在？根据上文蒙培元有关本体是一种潜存的可能性的论述，可以肯定蒙培元并没有预设"绝对的无限心"。所以，蒙培元的意思实际是，"自我转化"和"自我分化"中的"自我"不是任何心灵，而是"儒家"或"儒学"，是儒家或儒学必须积极主动地将曾经塑造的"绝对的无限心"收缩和分化为内在的、多样的相对心。其次，我们按照内在的、相对分化的心灵观念来重塑开放的儒家心灵观念系统的时候，蒙培元所说的"不失其道德主体""不失大整体的和谐"如何来保证？这实际涉及多元相对心，以及心与物之间的秩序问题。这个问题不解决，儒家心灵观念系统便可能因为过于开放而丧失主体性。对此，蒙培元提出了理想的约束状态——"不失其道德主体""不失大整体的和谐"，也通过《情感与理性》《心灵存在与境界》《人与自然》等著作构建了一个以情感心灵为本源、以情感的理性化（情感理性）为发展目标、以人与自然的和谐为归旨的哲学体系，但此哲学体系是否完备有效仍值得商榷，至少学界对其提出的"情感超越"②和"情感理

---

① 蒙培元：《心灵超越与境界》，北京：人民出版社，1998年版，第16页。
② 黄玉顺：《"情感超越"对"内在超越"的超越——论情感儒学的超越观念》，《哲学动态》2020年第10期。

性"① 观念的局限性都有一定的反思。最后,回到开放心灵建设的大方向上来,我们还需要思考,即便蒙培元的具体观念架构是融贯的,他的"自我转向""自我分化"的主张是否就能保证心灵具有充分的开放性?当蒙培元说"本体"作为一种潜在的可能性要通过人的活动来实现的时候,是否意味着人的心灵尽管不是先天地蕴含一切、囊括一切,但仍能够开显出无限的境界?这种无限可能性的设定是可靠的吗?就像冯友兰说,实际的心虽然不具众理,却可以识众理。那么,人的心灵能够"识"一切理吗?

在此,我们必须区分两种"无限",一种是全知全能的、康德和牟宗三所谓"智的直觉"意义上的无限,一种是在某种有限的视域方向上的无限。比如,对于自然数,从1往后数,我们可以说数是无限的;不过无限的自然数仍具有有限性,即它只是"数",不能变成桌子、鸡蛋等。同样,对于心灵的能力,我们固然可以说心灵在某些方向上具有无限发展的可能,但这种无限绝不是全知全能的无限。即便在主观心灵之"知""觉"的领域内,如果我们混淆了两种"无限",对此问题作出武断的肯定性回答,恐怕仍然会助长心灵的傲慢,妨碍心灵的开放。因此,蒙培元的主张也是需要被进一步限定的。

四、儒学"开放心灵"建设的进一步发展

综合现当代儒学在"开放心灵"建设上的探索,可以肯定的是,尽管儒家心灵观念系统仍有一定的局限,但它也一直在不断地走向开放,我们接下来需要做的,只不过是朝此方向进一步努力而已。

要探索儒学"开放心灵"建设的新步伐,不能不了解一直以来妨碍儒家心灵观念系统走向开放的症结所在。其实,经过前文的论述,这个症结已经越来越清晰地呈现在我们面前了,它就是:一方面要竭力消解因偏重心灵高明一面所带来的缺陷和傲慢,另一方面又要避免心灵高明一面的彻底瓦解和失序。

---

① 李海超:《当代儒学研究中的"情理"概念及其反思》,《国学论衡》第10辑,北京:社会科学文献出版社,2021年版,第187-199页。

心灵的高明一面，也可以说是心灵的超越面向①，传统儒学在此方面取得了非凡的成就。说它是早熟也罢，有缺陷也罢，总之成就的一面是不可抹杀的。如果固守这份成就，就会一叶障目，导致心灵的封闭性，上文所举梁漱溟、冯友兰、牟宗三、蒙培元等学者一直致力于从不同程度上消除此种封闭性。然而他们的工作也确实各有其局限性。我们固然不能抹杀时代的因素和学术发展的历史性而强求于个人，但在外在客观因素之外，他们在消解心灵封闭性的过程中也的确透显出了一种隐忧，即不能在追求"开放心灵"的过程中将曾经取得的成就一笔抹杀或彻底丢弃。这样一来，儒家文化将彻底丧失主体性、丧失自我。《庄子》有言："夫哀莫大于心死。"否定儒家文化在心灵高明一面的成就，也就相当于对儒家文化判了死刑。于是不开放会因封闭而死，开放会因丧失自我而死。这就是一种矛盾，一种难以轻易摆脱的症结。现当代儒家学者没有被这个矛盾所困倒，因为他们并没有如此极化地看待此问题。其实不是开放便会死，而是无原则地开放才会死，所以他们一步步地尝试探索和改进心灵的开放性，一直到今天。

我们今天在探索儒家"开放心灵"建设的时候同样不能无视这一症结，即不能彻底否定传统儒学在心灵观念系统建设上的贡献，但也不能蹑手蹑脚，畏缩不前。必须承认，以往心灵系统建设虽具有高明的一面，但也要认识到，高明不等于完美，其同样具有有限性。我们必须对传统儒学所讲的心体及其本源的、潜在的可能性加以限定。即，不必再预设任何全知全能、"智的直觉"意义上的无限心的实存及其潜在的可能性。这并不是武断地否定心灵通向无限超越的可能，也许心灵确实具有某种能力可以与绝对存在者或无限存在领域相沟通，可是我们无法明晰地判断这一点。因此，对于绝对无限的心体及其潜在的可能性，我们不要做任何先在的预设。不做先在的预设，不是不可探讨。若承认其不可探讨，我们也就彻底地放弃了它，这是我们的原则所不允许的。我们可以将"心体"从前提预设转变成一种高远的"理想"，以此理想为目标指引人们不断向前努力，但并不预言和断言这种理想定然能够实现或不能实现。

---

① 这里所谓的"超越"，不特指学界近年来颇有争议的内在超越、外在超越、中道超越、情感超越等任一种超越方式，而是泛指不同心灵层次、境界之间的跃升。

我们不像牟宗三那样说"人虽有限而可无限"①，而应该说，"人不断谋求超越当下的有限性向无限靠近"。"向无限靠近"，既没有说一定达不到，也没有说一定能达到，而且在心灵向上跃升的成就上仍可以进行比较，这就是我们对心灵的高明一面所做的进一步限定。

　　限定了高明的一面，以往儒学所揭示的通向高明的方法就同时被限定了（注意：不是被否定了），于是朝向超越、高明之路的功夫便可以向所有心灵功能开放。此时，传统儒学所忽视的心灵功能及其运用就应该被重视起来。即在"反求实证"②、"逆觉体证"③等超越性工夫之外，经验的情感、理智、意志等心灵功能的价值获得了被开发的可能性。如果说以宋明理学为代表的儒学是"超绝的心灵学"，因而偏于超越性心灵功能的运用和超越性目标的追求的话，经验心灵功能的重视和开发确实可以弥补和改进以往儒家心灵观念系统的不足，使心灵不执着于某种超越进路，乃至向非超越性进路和目标开放。④ 显然，这种弥补和改进，不需要彻底否定以往的成就，就是在对原有的心灵观念和心灵功能运用加以适当的限定后，继续向高明的方向努力即可。原来以为"一即一切"，现在我们需要在"一"的基础上不断增加新的方法和新的努力来对比能否更多地接近"一切"。也许最后将证明原来是对的，也许最后将证明原来是不对的，也许这个问题永远也不能得到确证，但这整个过程和在此过程中的收获都将是开放的。

　　以上只是说明，儒家"开放心灵"的建设需要将对无限心之实存或潜存的先天预设转化为后天追求的理想，以此使儒家心灵观念系统获得真正的开放性。当然，对于新的心灵观念系统的建设来说这一点努力显然是不够的，在传统儒学心灵观念系统的疏解、各种心灵功能之间关系及其运用方法的探究、针对不同领域的心灵系统之多元开展等方面，仍有很多问题值得讨论。本文不过是在总结和反思前贤理论贡献的基础上，提出了一些基础性的和初步的思考，祈愿这些思考能够对学界进一步的研究有所帮助。

---

① 牟宗三：《现象与物自身》，长春：吉林出版集团有限责任公司，2010年版，第12页。
② 熊十力：《新唯识论》（语体文本），武汉：湖北教育出版社，2001年版，第13页。
③ 牟宗三：《圆善论》，长春：吉林出版集团有限责任公司，2010年版，第239页。
④ 李海超：《超越"超绝的心灵学"——探索儒家心灵哲学开展的新路径》，《云南社会科学》，2018年第6期。

时间、空间与想象：
历史形而上学思想演绎的三重逻辑

陈吉祥[*]

【摘要】 历史形而上学主张在历史场域内分析中国传统形而上学的逻辑架构，并构建历史精神世界以契合传统形而上学思想的现实运用需求。在建构历史精神世界的过程中，时间向度界定历史精神世界的延续方式。以人为根基的时间让人立于当前所处时刻回望过往时间，借助内在心性对时间感受的伸缩推动历史精神世界的演化推进。空间向度限定历史精神世界的广延形式。基于自然空间之上的人类社会世界，成为装纳历史精神世界伸展扩张的有效容器，不断充实历史精神世界的实质内容。想象意识赋予历史精神世界改造能力。想象能够对记忆和历史经验等思想素材进行加工，让不复存在的时间在人类社会空间重新焕发光彩。历史形而上学实则以一种立体整全化视域，还原了中国文化的本来面貌。

【关键词】 历史形而上学；时间向度；空间向度；想象意识；历史精神世界

中国思想文化向来注重形而上学层面的哲学思辨，衍化生成诸多颇具形而

---

[*] 作者简介：陈吉祥，哲学博士，大连理工大学人文学院助理研究员，研究方向为中国哲学史、儒家哲学与形而上学。

基金项目：国家社会科学基金重大委托专项"新时代中国特色哲学基本理论问题研究"（18VXK001）。

上意味的中国传统形而上学哲学范畴以及价值理念，先后在形而上本源、心性之学、事物范畴等理论领域做出突出贡献。但由于中国文化向来有着强烈的现实关怀特质，认为凡是形而上的抽象思想都应当落到具体现实生活之中，成为指导现实的人的经世致用之学，才是具有实际价值的。正如徐复观先生对中国传统文化做出的评论，"我们中国哲学思想有无世界的意义，有无现代的价值，是要深入到现代世界实际所遭遇到的各种问题中去加以衡量"①。依徐先生之见解，中国传统哲学思想，乃是出自生命、生活中的切实经历凝结而成的，虽然富含形而上哲理思辨特质，但终究是要重新回归至现实生活世界。如此，对传统形而上学思想体系而言，就不能仅停留在纯粹的形而上思想维度，必须要运用到某个具体切实框架范围内进行讨论，"才能真正从高高在上的形而上层面的冰冷理论，转化成散发形而下层面温暖的现实人文关怀"②。因此，为解决传统形而上学这种落在现实的理论需求，历史形而上学就以历史视域为切入点，通过将历史与中国传统形而上学思想的结合，使得历史走向哲学化径路生成历史精神世界，以此承接契合传统形而上学思想落到形而下世界的现实要求。③ 在历史精神世界之中，人始终是作为主体的存在。因为历史是被人同化的历史，通过人在现实生活里不断积攒经验，在现实经验基础上诞生抽象思想意识，然后把对世间万物世事的理解尽数囊括进思想的范围，这样就能立足形而下的现实经验与思想范畴，凝集生产具有形而上倾向的相对独立的历史精神世界，筑建传统形而上学思想的现实依托处所。可以说，人借助历史精神世界便成为传统形而上学的承接落实者，"上承天道使命下启人事生活"④，在形

---

① 徐复观：《中国思想史论集：三版代序——我的若干断想》，北京：九州出版社，2014年版，第19页。
② 黄克剑、林少敏：《当代新儒学八大家集·徐复观集》，北京：群言出版社，1993年版，第57页。
③ 关于历史形而上学的理论建构和思想内容，笔者曾专门写《历史形而上学：一种中国哲学演进的新思路》一文进行讨论，认为历史形而上学是对中国哲学本质内涵理解程度的深化拓展，历史形而上学主张经史一体化历史范围内，依靠人、事、物三个主体对象，筑建生成中国传统形而上学具体落实的依托处所——历史精神世界。并在历史精神世界中分析证验传统形而上学的具体落实，从而形成一种再反思的沉思性哲学视域，得以为我们展现出一种中国哲学演进的新思路，在此就不再重复赘述历史形而上学的思想内涵。
④ 陈吉祥、许雪涛：《体知、成仁与天下：形而中学主体心性的三重维度》，《新疆社会科学》，2019年第6期。

而下世界的安身立命实践中实现下学上达，窥探洞察形而上之道的本原价值所在。具体而言，历史形而上学建构历史精神世界的思想演绎过程分三重逻辑展开。首先，时间向度界定历史精神世界的延续方式。在历史精神世界内的时间，是以人为主导者的时间。在所有存在者之中，唯有人才能够立于当前所处时刻回望过往的历史时间，并且人还能利用心性意识的主观感知功能，对时间产生拉伸或者收缩的作用，从而推进历史精神世界的演进。其次，空间向度限定历史精神世界的广延形式。历史精神世界是建立在现实世界经验与思想基础上的形而上思想体存在，是无法脱离人的概念而单独谈论的。所以，人的存在空间范围就限制着历史精神世界的广延形式，这个空间就是建构在自然世界之上的人类社会世界。脱胎于人类社会世界的思想观念空间，则决定历史精神世界所能到达的广延范围和边界。最后，想象意识赋予历史精神世界的改造能力。想象意识给予人推理、加工及改造历史经验等思想性素材的能力，让原本已经匆匆流逝的时间和不复存在的空间重新显现，实现对历史精神世界的知识扩充。透过历史精神世界内置的三重逻辑维度，就能清晰直观地看出，历史精神世界采取一种立体化组织架构姿态，通过将打散的碎片化思想概念整合成完全体，以此还原呈现出中国思想文化的本来面貌。

一、时间向度：历史精神世界的延续方式

在中国哲学语境里历史并非是一成不变的存在，而是会随着时间的延续不断增加全新的内容，故历史可定义为一种处在时间中的变化的存在。因此，历史精神也应是变动不居的存在，时间向度便界定着历史精神世界的延续方式。

（一）以人为衡量尺度的时间概念

在中国哲学史上，先哲们对时间的哲学概念展开诸多探讨。许慎之《说文解字》言："时，四时也"[①]，"间，隙也。从门，中见月。会意"[②]。许氏认为"时"字即为一年春夏秋冬四季之称，可引申为岁月日刻之用的意思；"间"字本义为间隙，是指两门中间的缝隙，当夜幕降临月光洒落之时，门开

[①] 许慎：《说文解字》，北京：中华书局，1963年版，第182页。
[②] 许慎：《说文解字》，北京：中华书局，1963年版，第367页。

而月光入，门有缝隙而月光亦可入。所以，时间就是世间之内无处不在的一种事物。此外，老子《道德经》有云："天下有始，以为天下母。既得其母，以知其子，复守其母，没身不殆。"① 老子认为，时间是一个拥有起始原点的过程，可称作"古始"。所谓"古始"，《道德经》曰："执古之道，以御今之有，能知古始，是谓道纪。"② 老子将"古"当作"今"的对应概念。立足今日可追溯往昔，而将过往岁月推至尽头，随即就进入执古御今、通晓古始的认知境界，即是"古始"时态的内涵所指。不难看出，老子推崇的谈古论今之道，最终还是落到了人的身上。以"古始"论时间意涵，实则就是秉持一种历史的发展眼光，放眼包括天地四海万事万物，突出了以人为中心的自今及古的时间立场。同时，孔子另辟蹊径对时间概念做出疏解。孔子对儒家的显著贡献之一，就是修《春秋》经。纵观中国哲学史，众多圣哲贤人皆对《春秋》交口称誉，感叹《春秋》笔法之微言大义直书其事。正如晋杜预的精辟评论："仲尼因鲁史策书成文，考其真伪，而志其典礼，上以遵周公之遗制，下以明将来之法。"③ 杜预对孔子所修撰的《春秋》经给予高度赞赏，认为"春秋者，鲁史记之名也。记事者，以事系日，以日系月，以月系时，以时系年"④。表明夫子所作之《春秋》，是按照从春到冬四季时序，以时间年份为基准尺度，把昔时已经发生的事件串联起来，刻画出一条连续的历史时间线，开创了以时间为本原的历史叙事形式的先河。所以，时间就是人的生命活动的经验连续性体现，更是人在自己生命实践中刻上了经验印迹的意识性时间。

在西方哲学领域，海德格尔把时间定义成两种类型：流俗的时间和永恒的时间。流俗的时间表现为过去、现在和将来三个维度，永恒的时间则出自海德格尔那句著名的"曾在着的将来从自身放出当前"⑤ 话语，这是以此在为主体的主观性时间感知方式，时间被转换成曾在—当前—将来的表现形式。海德格尔从存在者问题出发追问至存在问题，认为如果要追溯存在问题的存在，就需要借助一个存在者，而这个存在者只能是人。于是，人被重塑成为"此在"，

---

① 王弼注，楼宇烈校释：《老子道德经注校释》，北京：中华书局，2008年版，第139页。
② 王弼注，楼宇烈校释：《老子道德经注校释》，北京：中华书局，2008年版，第32页。
③ 左丘明撰，杜预注，孔颖达疏：《春秋左氏传正义》，北京：中华书局，2004年版，第5页。
④ 左丘明撰，杜预注，孔颖达疏：《春秋左氏传正义》，北京：中华书局，2004年版，第36页。
⑤ 海德格尔：《存在与时间》，陈嘉映译，北京：商务印书馆，2018年版，第326页。

不断去追问存在问题。这样，在海德格尔设定的时间三样式中，此在不再是任何一种现成的当前性存在，而是无时无刻都面向着将来的可能，况且将来又是无穷无尽、永无休止的未知形态，造就着时间在面向未来的方向永无止境的状态。在这种时间的立体三维化结构中，"将来不晚于曾在……曾在不早于当前"[1]，曾在、当前和将来三者统一的当前化，就促成了此在的"绽出"，显露出此在的本真状态。显而易见，海德格尔强调了人是构成时间的根本基础，主张研究时间论题须切实落在此在的生存及生活之上，明确时间终究还是属于人的时间，没有人的存在便无从谈及时间概念。

笔者认为，中西哲学家们对诠释时间概念做出的努力，虽然具体研究角度和解读方式迥然相异，但其关注重点都聚焦现实层面的人的身上。从人的主观视域去分析时间的含义，就让人成为衡量时间的现实尺度标准。于是，时间就不再是单纯的抽象性观念，而是成为代表鲜活生命的生活经历的现实存在证明。人不断丰富完善自身的经验知识储备，不停积累增添思想的理论文化厚度，让现实经验和思想文化一直保持无限发展延续的状态，维持人自身存在的时间性在场证明，同时也让时间获取绵延不断向前推进的恒久动力。可以说，人的存在为时间增加了现实性意义，时间则为人提供了存在性证据，人与时间构成相辅相成、互证彼此的关联。只要人一直存在，那么时间也便相应能够连续涌现演进。倘若把这些源自形而下生活世界的经验和思想，按时间先后顺序编接连贯成一个整体，随即诞生一种具有形而上意蕴的历史时间观念。历史时间就是包含着先后时序的经验和思想的时间形式，这种历史时间则始终穿插在历史精神世界的内部。从历史时间层面出发，追溯主导时间的人的生命本源起始时间点，也就回到了历史精神世界降生的时间起点。然后，将历史精神世界的诞生时间点作为逻辑起点，伴随着历史时间本身的向前变动流淌，便在横向层度规定了历史精神世界的具体走向。

（二）时间：过去的记忆与未来的期许

对于处在形而下现实世界的人来说，当前时态一直是人存在的阶段。故站在人的角度看，驻足此刻未来还没有降临进场，只能是怀抱期待态度去迎接不

---

[1] 海德格尔：《存在与时间》，陈嘉映译，北京：商务印书馆，2018年版，第350页。

可预测的未来；而过去的时间却已经流逝不复存在，不能重新再去亲身感受那些已然逝去的时间。这样，似乎人在时间中是无能为力的，对时间的掌握也只能是做到把握当下这个程度。那么为何人却能够做到时而忆往昔峥嵘岁月，时而期未来扶摇直上呢？谜底就在记忆这里。所谓记忆就是利用人的回瞻溯源形式的意识，把那些人类世界和自然世界里面的事物、思想全都完整复制留存在人的意识里。因此，记忆就是人伫立在此时此刻，回想观望以往时间的意识化产物，帮助人们重新感受和经历不再属于现时阶段的过往时间，能够让人在认识和看清以往时间的基础上，珍惜和把握好现今拥有的时间。正如荷兰著名心理学家杜威·德拉埃斯马给出的论断，"各种记忆系统都试图用真实存在的现实来形容记忆"[1]。记忆形成的前提条件就是真实的现实生活世界，因为唯有真正存在于世间的事物、经验和思想被记忆复制保存下来，记忆才会具有真实性和可信度，成为验证已往时间存在的确凿性证据。如此，即便是人不能重新回到先前的某个具体时间节点，却仍然能身临其境直面过去某段时间发生经历过的所有体验，熟悉在过去时间里经历的所有经验，领悟过去时间里沉淀的所有思想。《列子·汤问》记载："余音绕梁，三日不绝。"[2] 传言韩娥曾站在雍门处歌唱演出，歌声赏心悦目程度以至三日后余音仍回旋缭绕在房梁上。显然，"余音绕梁三日"并不符合常理现实，原因就在人们的记忆意识这里。当人们在欣赏韩娥歌唱演出的时候，实际就已然把这段时间所看画面、所听声音和所思意识，全部完整复制保存在人的记忆意识之中。随后，人不断回想重现在这段时间的发生经过，一次又一次站在此刻所处的时间点上回忆先前时间的经历，开启了记忆的循环模式，也就实现了"余音绕梁，三日不绝"这种在现实世界根本不可能发生的事情。

与此同时，记忆还帮助人在回顾追溯以往时间的过程中，形成怀揣迎接未知的将来时间到场的期待。不言而喻，记忆不但让人拥有重现某段具体时间经过的能力，而且还能让人在经历以往时间时，产生对某个历史时间刻度的思想共鸣。这就是为何人能够做到怀古悲秋的原因。一个明显的例子就是，唐代诗

---

[1] 杜威·德拉埃斯马：《记忆的隐喻：心灵的观念史》，乔修峰译，广州：花城出版社，2009年版，第48页。

[2] 严北溟：《列子译注》，上海：上海古籍出版社，2006年版，第389页。

人崔颢曾经满怀憧憬慕名前往名胜黄鹤楼，凭栏处见景生情直抒胸臆，留下千古留名的七律绝唱《黄鹤楼》。崔颢在独登黄鹤楼以后，感慨古人早已驾鹤西去而空留下黄鹤楼，在千百年来岁月飞逝之间，唯有白云依旧悠悠飘荡。此楼此景虽无异于当年情形，但登楼凭吊之人却是大有不同。显然，崔颢就是在登黄鹤楼追忆回首古人时间经历时，将古人先前在此处经历的时间，同自己现在经历的时间相结合，产生了思想共鸣，把昔日时间带进目下时间进行了替代。于人而言，过去就变成了现在，而现在对过去来说，现在又成为过去的将来。这样，人从过去的时间中，收获了一种满怀憧憬迎接尚未进场的未来时间的期许和满足。

（三）主观时间与经验知识

如果说记忆帮助人能够回放观看过去的时间经历，让人可以根据自身的实际需要，随时随地随意查看回想那些流逝已久的时间经历，并在往昔时间中发掘设想未知的将来时间何时何地以何种形式到场的情形，那么心性意识则让人具备控制具体时间的前行流淌速度的能力。发挥心性意识的功能，就可实现对时间的压缩或者拉伸，加强对时间存在的真实感知。如许，人既能掌控时间的过去、现在和将来的各个时态阶段，又能做到放慢以及快进时间的延续进度，便成为时间真正意义上的主导者。

柏拉图在《理想国》第七卷开篇章节描述道："假设有一个洞穴式的地下室，它有一条长长的通道通往外界，以便能获得一道同洞穴一样宽的光亮。有一些被绑住了头颈和腿脚的人从小就住在这洞穴里，不得动弹的他们只得盯着洞穴后壁。"① 这就是著名的"洞穴隐喻"假说。对这些山洞的被囚禁的原住民来说，时间似是完全失效的存在。但实际上，这些洞穴囚徒的时间观念不仅没有消失，反而是极大加强了对时间存在的感知程度。通常而言，人们在生活中听取不感兴趣的学术报告时，报告时间越是冗长，人就会愈发觉得时间过得太过缓慢。对此，波兰哲学家恩斯特·波佩尔提纲挈领总结说："当我们厌倦时，我们就能对我们关于时间的长度的经验有清晰的印象。"② 当人厌倦的时

---

① 柏拉图：《理想国》，郭斌和、张竹明译，北京：商务印书馆，2014年版，第514页。
② 恩斯特·波佩尔：《意识的限度：关于时间与意识的新见解》，李百涵、韩力译，北京：北京大学出版社，2000年版，第63页。

候，就会对时间产生枯燥无聊的印象。这种源自人的感受的时间，实则就属意识上的时间。意识时间的快慢与否，主要取决于人在当时的心性与心境。因此，那些洞穴囚徒所经历的时间体验，就正好符合这种心性意识时间的设定。这样，当人借助心性能力审视过去经验中的时间，总是会出现时而感叹似水流年，时而又叹息一日三秋的情况。原因就像胡塞尔所说，"这个进程的一个清晰部分在向过去回坠时会'缩拢'自身……当时间客体移向过去时，它便缩拢自身并且同时就变得昏暗起来"[1]。胡塞尔提出了"内时间意识"，补充说明了人的心性意识、心理时间和经验经历三者之间的内在直接关联。人无法做到改变时间本身的存在方式，只能根据人的主观心性感知能力去重新定义时间的快慢。在心性意识对时间的压缩以及拉伸作用下，人既可以在很短的时间内回顾相当长时日的情况经历，又可以在整日甚至是数日之中，整理过去几分钟或者几秒钟观察到的事情细节。在此种反复压缩与拉伸时间的过程中，人便能不断加强对时间的感知和体验，伴随着感知层次的拔高以及体验程度的加深，被心性意识压缩快速滑过的时间经历，以及拉伸缓慢徐徐映现的时间经历，就会在人的心境之中刻上历久弥新的印记，成为人终生难忘的时间。

难以忘怀的时间则是人在时间意义上的存在证明，更是代表着一种时间经历的经验性知识。经验性知识一经形成，就会进入记忆领域跟随着历史时间的脚步，便永远留在了历史精神世界里面，并与历史时间一起共同推动着历史精神世界的演进发展，成为增添历史精神世界经验可信度的有效途径。

二、空间向度：历史精神世界的广延形式

总的来说，历史精神世界就是形而下世界每一个人的现实经验和思想意识的总和概念。于是，形成于现实世界的历史经验和思想文化，就得以构成筑建历史精神世界的理论基石。但由于人的活动范围与意识深度总归是有限的，这就致使历史精神世界在现实层面同样是有限的存在，即历史精神世界是在一定的空间范围内展开的。因此，空间向度限定历史精神世界的广延形式。

---

[1] 胡塞尔：《内在时间意识现象学》，杨富斌译，北京：华夏出版社，2000年版，第387页。

（一）自然物质世界

自然物质世界是建立所有现实性空间的基础前提，从外部划定了一切事物存在及活动的范围和边界。《道德经》曰："有物混成，先天地生。……人法地，地法天，天法道，道法自然。"① 在道家哲学思想中，自然可理解为"自化"的意思，用来概括形容万事万物无故自然生成变化的形态，是谓道法自然。故自然的第一重内涵即为自然而然的生成演变机制，引申指存在于一切现实事物中间的规律法则。自然通过将自身打造成万事万物都需要遵守的存在规律，制定出所有现实事物普遍认同的存在约规，以此确保现实生命体皆遵循着诞生、生长、成熟、衰老及消逝的既定自然规律。这样，一切存在的事物都必须依附于自然规律之下，否则现实事物存在的合理性就会遭到质疑。

同时，自然规律还需适用在一定空间范围之内，才能保证自身的有效性。正如《中庸》第一章言："天地位焉，万物育焉。"强调类似天地这种空间范围，才是决定万物孕育生长的先决条件。这便引申出自然的第二重内涵，即自然的空间属性。关于空间的定义，一方面空间具有唯一性，当一个事物占据某个空间时，其他事物就都不能再放置进相同的位置，这就确保整个空间内部始终是错落有致、层次分明的。另一方面空间也是有限的存在。康德指出："我们可以想象没有事物存在的空间，但却不能反过来想象没有空间的事物，也就是说，我们可以设想有空间而无一物，却不能设想有事物而没有空间。"② 一切现实存在的事物，都必须占据一定的空间范围，不存在不占有任何空间的事物，甚至这种不占有空间的事物都不能被设想出来。空间性是界定现实事物的一条重要属性。空间性又能推演出有限性。因为现实事物存在的空间是有限的，而包罗所有现实事物和自然规律的自然世界同样也是有限的，所以不存在占有无限空间范围的事物。只要是现实存在着的事物，就一定会在自然物质世界内部占据着某个空间范围。故自然物质世界的空间性，成为建立所有现实事物空间的前置条件。总而言之，随着自然物质世界的出现，便在外部划定现实事物存在和活动的范围与边界，实现了所有现实事物规范有序运行的理想形态。

---

① 高明：《帛书老子校注》，北京：中华书局，2017年版，第88页。
② 康德：《纯粹理性批判》，邓晓芒译、杨祖陶校，北京：人民出版社，2017年版，第26页。

（二）人类社会世界

一般而论，在人类力量的干涉下，自然物质世界的一部分就被转化为人化世界——人类社会世界。在自然物质世界的限定下，一方面，人类社会世界依然遵循自然物质空间的运行规律；另一方面，人类社会世界内部存在的各种样式的事物，仍然受到自然物质世界原有的空间性限制。于是，人类社会世界同样也就涉及空间性问题，主要可从以下三个维度加以说明。

第一，从独立个人行为的角度阐发。个体的人始终生存在人类社会世界规定的空间范围，而人在生命延续过程中，一般会根据自身基本的生理需求，构建起满足自身生活需要的场域，也就是每个人所居住的住所。同时，个体的人想要持续生存就必须进行生产活动，从事生产活动则又需要生产工具，制造生产工具就必然要与个人的身高体重相匹配，否则就无法发挥出生产工具效益的最大化。此外，无论是人的身体还是思维，也都无法突破包裹着人类社会的自然物质世界的空间界线。

第二，从社会群体组织的角度阐析。《荀子·王制》曰："人，力不若牛，走不若马，而牛马为用，何也？曰：人能群，彼不能群。"[1] 按荀子之说法，不同个体的人之所以要组建群体，关键点就是人的力量来自"人能群"。单论个人的力量不及牛、马等动物的力量，但牛、马却能为人驯化和利用，根源就是人能够自觉主动地组织构建社会群体。在社会群体组织的控制下，众多个人结合的群体力量远远超过了个人力量，进而发挥群体组织力量改造自然物质世界的空间布局，就能达到扩大人类社会世界存在范围的目的。

第三，从社会关系观念的角度阐释。"中心""核心""中原"等概念，本是用来表示现实空间的词语概念，但在人类社会世界里却常被用来评价社会关系，导致这些概念脱离原本的内容意涵和运用范围。以"中心"为例，细看"中"字，许慎《说文解字》解释说："中，上下通也。"[2] "中"是一个上下贯通左右对称的位置概念，用来形容中心位置与周边位置的实际空间关系。在人类社会世界的范围，人理应占据中心位置，"以人为中心"的说法就是以观念化空间概念评判社会关系的直接证明。同时，观念化空间概念还能用作空间

---

[1] 王先谦：《荀子集解》，北京：中华书局，2016年版，第165页。
[2] 许慎：《说文解字》，北京：中华书局，1963年版，第433页。

治理的用途。《新书·属远》曰："古者天子地方千里，中之而为都。"① 古有周武灭商而一统天下，帝王建都赐封诸侯以治之，周天子作为最高权力拥有者，天子定都之处即为王朝的中心，位居中央以号令围绕帝都周边的诸侯，这便是先秦时期中国政治版图典型的治理模式。中心就成为象征最高权力的人类社会地位，经常被人们用来评价至高无上的核心社会关系。从此，原本现实存在的空间范畴，就蜕化成概括和评价社会关系的观念性存在。这样，人类社会世界中，一切由人的行为和思想的活动凝练而来的现实经验与思想，都会伴随着现实空间的概念化，而一同演变成观念性质的存在，最终进入历史精神世界之中，充实着历史精神世界的内容实质。因此，历史精神世界唯有选择置入人类社会空间中展开延伸，才能保证自身存在的合理性与有效性。

（三）思想观念空间

思想观念空间决定着人类社会世界的思维广度和理论深度，并提升了历史精神世界包含的思想内容所及的层次高度。思想意识作为人的思维能力，是让人能够做到所思所感所想的关键。人类社会关系催生出概念意义层面的空间观念，使得空间不仅可以用来界定衡量广延物理空间，而且还成为理解和评价社会关系的观念空间，让广延空间转变成为抽象性观念空间的存在。当概念性空间与人的思想意识相接触、结合，就能借助于人的思想意识能力，成功搭建一个概念化空间——思想观念空间。思想观念空间一经形成，便是一个独立于人类社会世界的空间范畴。思想观念空间含有大量的现实性内容，虽源自现实却又定位高于现实，更为侧重思想性层面的内容。思想观念空间的理论意义，主要表现在两个方面。

一方面，思想观念空间决定着人类社会世界的思想广度。思想观念空间的出现，让一切广延空间都转化成观念性存在，被纳入思想观念空间内为人所理解和掌握。如此，即使是人不能身临其境，却依然能站在思想观念空间里，到达那些未曾到达的地方。《逍遥游》就是一个典型例证，"北冥有鱼，其名为鲲。鲲之大，不知其几千里也；化而为鸟，其名为鹏。……南冥者，天池也"②。实际上，庄子并没有真正去过北冥，更别说目睹鲲鹏的真实模样。但

---

① 贾谊著，阎振益、钟夏校：《新书校注》，北京：中华书局，2022年版，第506页。
② 陈鼓应：《庄子今注今译》，北京：中华书局，2009年版，第9页。

是庄子通过让自己的思想意识进入思想观念空间的维度，这样即便身体无法到达那些没有去过的地点，却依然可以实现让思想意识到达那些未曾到达的位置，这就是思想中的空间观念带给人的能力。

另一方面，思想观念空间决定人类社会世界的理论深度。据《史记》记载："遂至洛，观兵于周郊。周定王使王孙满劳楚王。楚王问鼎小大轻重，对曰：'在德不在鼎。'庄王曰：'子无九鼎，楚国折钩之喙，足以为九鼎。'"①楚庄王向周王室问鼎的典故，彰显楚王意欲代替周天子雄踞中原的霸王之心。鼎原本只是单纯的青铜器具，但随着时间的演变，逐渐成为人类社会关系中的一种身份象征。西周时主要根据拥有鼎的数量判断个人的社会身份及地位，自天下至诸侯士大夫持鼎规模分别是"天子九鼎，诸侯七，大夫五，元士三也。"（《春秋公羊传·桓公二年》②）鼎的数量直接决定人的社会关系与地位，而"九鼎"作为最高权力地位的象征，自然会为人们所敬仰与觊觎。于是，向周天子问九鼎之重量，就意味着楚王实乃有意取得天子位居社会关系中心的地位，最终掌握至高无上的天子皇权，成为新的社会关系里的那个"中心"。

当物理广延空间进化成为概念化空间观念，空间观念又组建为思想观念空间，此时再将思想的意义注入思想观念空间中。思想观念空间里包含的空间性观念，就拥有了代表现实社会关系的实质性内容。显而易见，思想观念空间的产生，让人类社会时间的概念性空间从此拥有一定的思想理论深度。进而为人类社会世界增加了思维广度、拓展了理论深度，有效拔高历史精神世界自身包含的思想内容所处的层次高度。而在历史精神世界中，历史经验的内容源自现实生活，是对现实世界实践活动的真实写照。但许多经验思想范畴除表面显示出来的内容外，实际上还潜藏着许多深层次思想。历史经验与历史思想文化呈现的这种潜藏思想意义的特点，便是思想观念空间作用的直接体现。因为历史精神世界本身就处在思想观念空间范围内，难免多少会受到思想观念空间的制约及影响，导致那些历史精神和历史思想文化的内容意义，被赋予许多原本不存在的深层次内涵。所以，同一事物经验或者思想，由同一个人从不一样的视

---

① 司马迁：《史记》，北京：中华书局，2011年版，第388页。
② 何休注，徐彦疏、刁小龙整理：《春秋公羊传注疏》，上海：上海古籍出版社，2014年版，第24页。

域进行观审；同一事物经验或者思想，由不同的人从同样的视域进行审视，最终都会出现千人千面的结果。这就是人们在看待历史的时候，总是会不断强调秉持不囿于事物表面成见立场的原因。

三、想象意识：历史精神世界的改造能力

在中国传统形而上学的思想逻辑中，心—性理念的设定彰显着人的主体地位导向，造就了人的主体主观性思辨能力，让人能够依靠心性意识自觉主动体知感悟事物的本原意义，由此也衍生形成人的想象意识能力。运用想象意识的改造加工能力，就能还原重现那些早已消失殆尽的历史时空的画面场景，填补绘制出由于历史本身记录内容的缺失而出现的内容空白，还能创作出林林总总浩繁的故事、经验、文学、艺术乃至史学等作品，通通成为历史精神世界的重要组成部分，进而极大增强了历史本身的说服力和感染力。因此，想象意识就赋予了历史精神世界以改造能力。

（一）想象意识的还原重现能力

想象意识能够将那些早已化为乌有的历史时空的画面场景，以一种栩栩如生的形式还原重现，为历史精神世界添补了生动鲜活的形象气质。如前文所讲，记忆是对已经不复存在的时间与空间里面的历史场景画面的真实写照，能够帮助人们在脱离事物原型的情形下，仍有可能还原事物的本来面目。但如果仅仅是陷在严格回想还原历史经验、事件和思想等历史内容的层面，那么历史记忆对人来说就只是一堆空洞乏味的思想概念，缺乏生动的生活气息与鲜明的具体形象特征。因此，对待记忆包含的思想内容，还需要借助想象意识的能力进行深度加工，以此重现出一幅幅活生生的历史生活图景。

《论语》曾记录孔子与诸弟子对仁的概念的讨论场景，通过分析这个历史事件，就有助于更好理解想象意识的还原能力。具体记载如下：

> 樊迟问仁，子曰："爱人。"问知，子曰："知人。"樊迟未达。（《论语·颜渊》）
>
> 樊迟问仁。子曰："居处恭，执事敬，与人忠，虽之夷狄，不可弃

也。"(《论语·子路》)

颜渊问仁。子曰:"克己复礼为仁。一日克己复礼,天下归仁焉。为仁由己,而由人乎哉?"(《论语·颜渊》)

仲弓问仁。子曰:"出门如见大宾,使民如承大祭,己所不欲,勿施于人,在邦无怨,在家无怨。"(《论语·颜渊》)

司马牛问仁,子曰:"仁者,其言也讱。"(《论语·颜渊》)

子张问仁于孔子,孔子曰:"能行五者于天下,为仁矣。"(《论语·阳货》)

历史上,樊迟、颜渊、仲弓、司马牛和子张等人,先后向孔子问及仁的内涵。对待弟子的疑惑,夫子先后做出云泥之别的解答。倘若发挥想象意识的功能,还原重现孔子同五位得意门生论仁的历史经历,就能看到一个经过想象改造的绘声绘色的历史情景。具体论之,第一,樊迟两次向老师问仁,而夫子前后却做出不一致的回答。因为夫子看到樊迟在前途道路选择上存有困惑,所以告诫樊迟要时刻保持恭敬忠事的态度,提出在仕途道路上的意见忠告。第二,至于颜回向夫子问仁,那便是师徒二人志同道合的历史见证。孔子时常称叹颜回能够"一箪食,一瓢饮,在陋巷,人不堪其忧,回也不改其乐"(《论语·雍也》)。孔子一生以复兴周礼为己任,针砭时弊,批判春秋乱世之现状,以此为先圣治世纲要正名。夫子希望将天下归仁的终极理想传承给颜渊,期待颜子能继承仁学典范精神,从而为天道仁义树正统,为往昔圣贤继绝学,入仕肩负匡扶天下之使命,居安思危而为万世开太平,出仕理应心系天下苍生黎民,虽位卑却始终未敢忘忧国之责任,以身作则矢志不渝践行仁道理想,最终使得天下志士皆能归进仁人范围。第三,仲弓出身不显赫,此生无法入朝做官,所以夫子告知仲弓,仁即日常生活的为人处世规则,尽量避免因自身行为举止不当招惹各种是非。第四,司马牛是一个杞人忧天、经常陷入自我怀疑的人,当司马牛问仁,夫子直言不讳给出仁者就是言语极其稳重谨慎之人的解答。第五,子张比较向往入仕为官的人生理想,故夫子仅用恭、宽、信、敏、惠五字道明仁之真谛,要求子张恪守仁的规范要求,这样才能做到为官一任而问心无愧。

《论语》中弟子问仁的五则文字材料，经过想象意识的改造呈现出栩栩如生的立体化面貌，重新映现在人的面前，让人能够真正体验历史中的人、事、物的实际经历经验。如此，历史经验和思想便不再是死气沉沉的写实性记忆，而是形象鲜明的变动的立体场景画面。这样，掺杂着想象意识的历史精神世界，也就不再是单调的经验与思想的综合体存在，同样也是活灵活现、立体逼真的场景效果。

（二）想象意识的内容填充能力

想象意识可以设计出一个未必在现实世界实际发生的故事或情节，填补某个历史时空可能会出现的空白内容，绘制完善历史时空中的内容细节，以此保证历史时间的完整连续性，维持历史空间整体上完美无缺的形象，实现对历史精神世界的知识扩容。

老子出关的故事可谓家喻户晓，但因年代久远，加上某些特定历史时间段出现的社会变故，造成记载这段历史的文字文本基本佚失，以至证明老子出关历史典故的旁证，都只能在老子之后的历史中寻找。这其中，记述老子出关故事可信度最高的当是太史公。《史记·老子列传》记载："老子者，楚苦县厉乡曲仁里人也，姓李氏，名耳，字聃，周守藏室之史也。……见周之衰，乃遂去。至关，关令尹喜曰：'子将隐矣，强为我著书。'于是老子乃著书上下篇，言道德之意五千余言而去，莫知其所终。"[1] 太史公发奋编撰《史记》之时，距离老子所生活的年代至少间隔了三百年。故太史公本人也无法确定老子出关的详细经过，只能按照传闻和有限的文本史料加以撰写，仅记录下老子本人的姓氏、籍贯、为官经历等信息，以寥寥数语叙述老子出关时匆匆留下五千余字道德经书的过程，而过函谷关以后的情况便就"莫知其所终"。西汉刘向所著的《列仙传》，也对老子出关进行了记载，"老子，姓李，名耳，字伯阳，陈人也。……后周德衰，乃乘青牛车去入大秦。过西关，关令尹喜待而迎之，知真人也，乃强使著书，作道德上下经二卷。"[2] 刘向也是略微陈述有关老子的生平事迹，指出老子在看清周朝王室衰败命运的现实后，八十岁左右乘坐青牛一路西行过函谷关云游。当时的函谷关守令尹喜认为老子学识渊博，要求老子

---

[1] 司马迁：《史记》，北京：中华书局，2011年版，第2141页。
[2] 刘向撰，王叔岷校：《列仙传校笺》，北京：中华书局，2007年版，第18页。

留下传世之作，于是就诞生了《道德经》上下两卷。可以看出，刘向所述老子过关的故事，基本上与太史公记载的一样，只不过刘向所讲故事细节更为充实而已。

因此，当人面对那些本身内容细节不清的历史，或者是空白内容的历史时，就会使用想象意识的功能，设计出一个事实上不曾存在过的故事或者情节，例如老子过关时的具体时间、言语行为、人物接触等方面。通过细化这种想象的故事情节来丰富和完善故事本身的内容，并以惟妙惟肖的形式呈现出来，让人觉得仿佛是在历史中真正发生过一般。故想象意识就能把那些人们不经意间遗漏的细节重新显现出来。正是这些毫不起眼的普通细节，让字里行间的人跃然纸上，不再作为文字符号存在，而是有着面貌形象、性格取向的活生生的人。所以，想象意识将简单的历史叙述结构丰富化，使得其中的时间、空间、人、事、物等饱满化，完善历史故事的各种情节，确保历史故事本身的完整性和连续性。同时，也为历史增加大量原本没有的内容，实现对历史精神世界的知识扩容。

（三）想象意识的加工创造能力

想象意识对历史记忆、经验和思想等原始素材进行深度加工，就能创作出文学作品、艺术作品和史学作品等思想性作品。从本质上讲，这些思想性作品的创作来源皆为现实生活经历与经验，但又不仅限于平铺直叙的现实场景，而是蕴含着寄情于景、借物言志的思想情怀。所以，无论是在创作文学、艺术、史学作品的过程中，还是在旁人拜读、欣赏、思考这些作品的时候，都需要加入一定的想象意识才能顺利进行。否则，创造者的托物言志是无法实现的，旁观者也无法领略作者借景抒情的真正用意所在。

以文学作品而言，北宋苏轼曾作《赤壁赋》，云："寄蜉蝣于天地，渺沧海之一粟。哀吾生之须臾，羡长江之无穷。挟飞仙以遨游，抱明月而长终。"苏子与友人夜观赤壁旧景，追忆曾经发生过的系列事件，听见鸦声便随性吟诵"月明星稀，乌鹊南飞"，以借酒兴而遥想当年三国曹孟德之诗作，而后又联想当初就发生在赤壁的赤壁大战之典故，感慨人生苦短世事无常，不由自主发出纵使功业名天下，千古英雄今何在的感叹。苏子本人并没有真正经历当年赤壁所发生的事情，只能是在历史精神世界里回顾复原当年的具体情形，通过融入个人的想象，结合当前的所思所感所想，在江水流逝、飞仙遨游与明月长终的想象之间，由自然景物而抒发历史无常之情怀。

又如，以艺术作品而言，《世说新语·企羡》曰："王右军得人以《兰亭序》方之《金谷诗叙》，又以己敌石崇，甚有欣色。"① 这是王右军以文会友雅集兰亭的历史事件，而关于具体的集会过程，据《晋书·王羲之传》记载，王右军在"永和九年，岁在癸丑，暮春之初"② 的某个风和日丽之时，与谢安等名士"会于会稽山阴之兰亭，修禊事也。群贤毕至，少长咸集"③，最后王羲之为聚会所结诗集作序，从而诞生了名扬千古的书画作品《兰亭集序》。王右军初创《兰亭集序》时，虽身处兰亭流水雅景，但思维早已不囿于具体事物，而是随心畅想"仰观宇宙之大，俯察品类之盛"，在死生难料之际，"临文嗟悼"。这便是想象意识的力量，将事件、文字与书法三者联为一体凝结创造出艺术作品，并赋予艺术作品极强的精神张力。此外，类似张择端的《清明上河图》这种风俗性书画艺术作品，是对真实发生在某个历史时空的某个时刻的片段截图，确能找到现实性参照物，但其间依然蕴含着作者丰富的思想内涵与独特的审美视角，需要借助想象意识的能力才能感知。在《清明上河图》五米之长的恢宏画卷之上，乍看是描绘出汴京城一派鼓乐喧天熙来攘往的盛世空前之况，但实际却还隐藏着作者对盛世之下潜藏着危机的一种忧患意识。就像徐复观先生说的那般，"忧患意识，不同于作为原始宗教动机的恐怖、绝望。……在于忧患心理的形成，乃是从当事者对吉凶成败的深思熟虑而来的远见。……所以忧患意识，乃人类精神开始直接对事物发生责任感的表现，也即是精神上开始有了人的自觉的表现"④。正是这种对忧患意识的强调，使得千百年来中国文人志士皆以匡扶道统为己任，不仅在平时的所作所为中严于律己，而且还擅长在各种书画艺术作品里以物言志。因而，所有的书画艺术作品都是人的心性境界的流露表现。通常来说，当人们在接受某些信息和遭遇相关境遇时，起初不一定会直抒胸臆、酣畅淋漓地描绘出来，而是有可能在几

---

① 刘义庆著，徐震堮校：《世说新语校笺》，北京：中华书局，1984年版，第322页。
② 房玄龄：《晋书·王羲之传》，北京：中华书局，1996年版，第615页。
③ 房玄龄：《晋书·王羲之传》，北京：中华书局，1996年版，第616页。
④ 徐复观：《中国人性论史·先秦篇》，北京：九州出版社，2014年版，第19页。

经曲折以后，最终哀婉隐晦地抽象表达出来，这也就是为何艺术作品总是能给人带来思考的深层次原因。

最后，以历史作品而言，极富代表的便是《春秋》、《春秋》三传以及《史记》等著作。《春秋》以微言大义简练笔法而闻名于世，《史记》则是"究天人之际，通古今之变，成一家之言"。对于《春秋》《史记》等历史作品来说，其基本任务就是要准确如实地反映社会时空的演进变迁，但如果仅限于现实生活经验的层面，显然是不够的。无论是孔子还是太史公等人，都是身负传承中国思想文化正统的重担，为往圣继绝学乃是他们与生俱来的责任使命。所以，他们在创作历史作品时，不仅参照现实生活经验，还根据以往的历史经验、思想和记忆等内容，结合自己对个体生命、天地万物的想象而获得的感悟，从而创作出融入生命的积极人文精神的历史作品。于是，历史作品所记述之事不再是普通的故事，而是一种载道之事，即通过记述某个事件来反映历史时空规律的重要道理。这种掺杂着人的生命体悟的想象意识的历史作品，才让历史本身更具说服力和感染力，不再只是单调简单地叙述事情经过，而是散发出一股强烈的人文关怀气息，成为历史精神世界的一个重要特性。这样，当想象意识与文学、艺术和历史作品相结合，就使想象意识照进了历史精神世界的窗口。从此，历史精神世界具备了基于现实与经验的创造能力，从而让枯燥的事实变成充实生动的情节，带来更加精确和系统的时空图形。

四、结语

总而言之，历史精神世界始终坚持人的主体存在地位，毕竟只有承认现实社会世界人的生活经验与思想文化的前置性，才能生成凝结现实与思想、兼具形而下与形而上的历史精神世界。而历史精神世界在时间向度、空间向度和想象意识等三重建构逻辑的共同影响下，以一种三维立体化的整全视域，在过去与现在的时间之间、在自然与社会的空间之间、在现实与思想的想象之间，带来了对现实生命价值的思考和人文精神的关怀，并还原了中国思想文化的本来面貌。在具体中发掘普遍价值，于精神里披露思想张力，这便是历史精神世界带给我们的现实意义，同时也堪称理解中国文化的又一个重要维度。在这个跌宕起伏、物欲横流、日新月异的时代，历史精神世界也为我们日益不安的心灵提供了寄托之地，彰显出人文学术的责任担当之义。

界定与继承

——徐复观对考据与义理的现代转换

李永晖[*]

【摘要】 在20世纪的考据与义理之争中，徐复观指出，考据作为传统的专门之学，是以文献为对象的文字工作，可以在现代学术的治思想史中向搜集资料、取证归纳的方向扩展。但考据不等于训诂，更不等于科学方法。义理，则应被区分为价值、实践、思想三个层面：其一，作为人自身伦理道德的义理；其二，以道德实践为主要内容的传统义理之学；其三，以义理之学的思想内容为研究对象的现代思想史研究。徐复观对考据的功能限定以及对义理的分类讨论，都体现了在传统学问的现代转换过程中，他对现代学术规范的高度自觉。徐复观认为考据无法完成思想研究的全部工作，义理也无法用现代科学代替，治思想史则符合现代学术对内容客观和方法科学的要求，能够成为继承传统学问的现代研究。

【关键词】 考据；义理；治思想史；现代转换；徐复观

20世纪五六十年代，徐复观曾在治学取径上参与过一场"考据与义理之争"的论辩。有学者认为"考据为本义理为末"，提出"考据精，则打基础在考据上的义理亦愈精；考据粗，则打基础在考据上的义理亦愈粗"[①] 的说法。徐复观对此则完全持相反论调。不仅如此，他还进一步在反驳中指出，站在考

---

[*] 作者简介：李永晖，中山大学哲学系博士研究生，研究方向为先秦哲学。
① 徐复观：《学术与政治之间》，北京：九州出版社，2014年版，第453页。

据立场的学者们对"考据"的定义并不明确，没有限定其适用范围，甚至对考据方法本身存有误解①；在谈论"义理"时也混淆了以道德实践为主要内容的"义理之学"和以前者的思想内容为研究对象的"治思想史"之间的差别。以这场论辩为契机，徐复观在一系列有关治学方法的文章中谈论了他对传统学问中的考据、义理如何界定，以及如何在现代学术中治思想史的看法。② 治思想史为传统学问的现代转换提供了一种解决方案。他的观点，对今天以哲学的方式进行古代中国思想的研究仍然具有借鉴意义。

一、作为专门之学的考据

考据与义理之争的重点，原本是谁更重要以及义理是否以考据为基础的本末问题，但是这一争论事实上没有共同的起点。因为站在考据一方的学者们对考据的定义从"草木鸟兽和典章制度的探讨""史传记载的征实和辨证"（毛子水）延伸到了"用科学方法去研究问题"（张春树），更把生理学和心理学算作"完全考据的学问"（毛子水）。③ 由此提出义理必须通过现代科学方法得来，以及义理必须以考据为基础的结论。④ 在徐复观看来，这种定义实际上没有界定问题的讨论范围。考据一方没有遵守自己对考据做出的限定，夸大了考

---

① 毛子水和张春树先后在《论考据与义理》《再论考据与义理》（毛子水）和《论考据与义理》（张春树）中提出了3种关于考据和义理的不同定义，并将考据等同于科学方法。详见徐复观：《学术与政治之间》，第444-465、480-500、519-546页。

② 徐复观与他人的辩论书信包括：(1) 与毛子水、张春树的辩论：《两篇难懂的文章》《答毛子水先生的〈再论考据与义理〉》《考据与义理之争的插曲》（同上）；(2) 对钱穆的回应：《有关思想史的若干问题——读钱宾四先生〈老子书晚出补证〉及〈庄老通辩自序〉书后》，见徐复观：《中国思想史论集》，北京：九州出版社，2014年版，第99-134页；(3) 给加藤常贤的书信：《评训诂学上的演绎法——答日本加藤常贤博士书》，见徐复观：《中国思想史论集》，第241-250页；(4) 答屈万里：《由〈尚书·甘誓〉〈洪范〉诸篇的考证看有关治学的方法和态度问题——敬答屈万里先生》，见徐复观：《中国思想史论集续篇》，北京：九州出版社，2014年版，第72-109页；(5) 对傅斯年的反驳：《生与性——中国人性论史的一个方法问题》，见徐复观：《中国人性论史·先秦篇》，北京：九州出版社，2014年版，第1-13页。徐复观自己在两篇序言中也专门谈论了治学方法问题：(1) 徐复观：《代序——研究中国思想史的方法与态度问题》，《中国思想史论集》，第1-12页；(2) 徐复观：《中国思想史工作中的考据问题代序》，《两汉思想史》（3），北京：九州出版社，2014年版，第1-4页。

③ 徐复观：《学术与政治之间》，第524、530、453页。

④ 徐复观：《学术与政治之间》，第463-464页。毛子水：《毛子水文存》（北京：华龄出版社，2011年版），第7页。

据的功能和使用范围,以至于误以为传统学问中的考据等同于现代科学方法。考据是一个源自传统的专门之学,考据一方的观点并不符合考据本身所能提供的作用。

(一) 考据——以文献为对象的文字工作

徐复观认为,"考据"一词作名词用时,是"考据之学"或称"考据学"的简称,指的是一个专门的学问,有其特定的研究对象和范围。① 而当"考据"作动词用时,指的就是考据的工作。考据学的研究对象是文字记载的文献,其范围以书本为主。② 考据工作是对文献进行考证,即通过对同一文献的不同版本或不同文献中的文字、记载进行参照比较,来判断文献中字词、内容以及文献本身的错讹和真伪。③ 尽管,近代以来人们对考据的坚持主要受以阮元为代表的清代乾嘉学派的影响,但徐复观认为考据之学的来源可以追溯到朱熹的读书方法。④

对考据做严格限定,意味着徐复观认为考据所能完成的任务是有限的。尤其需要强调的是,徐复观对"考据为本义理为末"这一说法的反对,不代表他反对考据或者说完全否定考据。他反对的重点在何者"为本",而不是反对考据本身。在思想研究的过程中,徐复观认为考据能够完成一部分工作,但不能完成全部工作。所以,他的主张是:"走着姚姬传们所提出的义理、考据、词章并重的老路。"⑤ 这是徐复观谈论考据的思想前提。

对于思想研究中的考据,徐复观的观点是:考据的对象是文献,当文献本身有问题时,"当然须要下一番训诂、考据的工夫"⑥。甚至还可以更宽松一点,如在他写给钱穆的文章中所说:"凡是关涉到文献而须要训诂、考据的,当然要通过训诂、考据。"⑦ 也就是说,只有在文献有问题或者有需要的情况下,才需要考据工作。但是,不是所有的文献都有问题,也不是所有的文献都需要考据。所以,认为"考据为本",尤其是认为考据能够成为"义理"的根

---

① 徐复观:《学术与政治之间》,第531页。
② 徐复观:《学术与政治之间》,第531页。
③ 徐复观:《中国思想史论集》,第130页。
④ 徐复观:《中国思想史论集》,第100页。
⑤ 徐复观:《学术与政治之间》,第519页。
⑥ 徐复观:《中国思想史论集》,第129页。
⑦ 徐复观:《中国思想史论集》,第100页。

本的这种说法，在徐复观看来是不成立的（至于徐复观所言的"义理"是什么，在后文详述）。

（二）考据的扩展——从考证真伪到搜集取证

不过，在完成《两汉思想史》的"治思想史"工作之后，徐复观对于考据的理解略有一些改变。相较于1957年时他认为考据只能限定在考证文献的真伪、错讹上，到了1979年，他所说的考据在范围上明显有一些扩充，考据的功能从判别真伪、错讹扩充到了探究词、语、事、物的来源年代以及取得立论的证据。①

这种变化的原因，首先在于文献的年代差异上。即使保持徐复观之前对考据的定位，认为文献在思想研究中属于基础性工作，只有在有问题、有需要时才要对文献进行考证；那么，对不同时期的文献做考证的需要也有差别。以徐复观在谈考据时提到的两汉和宋明为例，两汉时期在文献年代上的争议就比宋明时期要多得多。②争议多，需要花费在基础工作上的时间精力就多。要判定文献所属的年代，并得出相对可靠的结论，就需要通过搜集资料来获得证据。在此，徐复观把这种搜集资料的工作也看作考据的一部分。

其次，在关于文献的观点争锋上。面对同样的文献，一旦得出不同结论，就要看谁的证据更充分、谁的推论更合理。所以，徐复观说："考据不是以态度对态度，而是以证据对证据。"③他认为只有经过自己详细考察得到的证据，才能够成为支持观点的"坚强的立足点"，而且不会受到他人的左右。④比如，徐复观提到古史辨派在古典真伪问题上给后续做中国传统学问的研究遗留了难题，那么解决办法就应该是"以更谨慎更精密的考据，破除他们肤浅粗疏甚至是虚伪的考据"⑤。考据就发挥了证明观点、加强论据的作用。

在这个基础上，他提出考据在治思想史中"必然地"向知人论世、探求思想发展演变以及由归纳来立论的三个层面扩展。⑥但这时的考据对象实则包

---

① 徐复观：《两汉思想史》（3），第2页。
② 徐复观：《学术与政治之间》，第460-461页；《两汉思想史》（3），第2页。
③ 徐复观：《两汉思想史》（3），第1页。
④ 徐复观：《两汉思想史》（3），第1页。
⑤ 徐复观：《两汉思想史》（3），第2页。
⑥ 徐复观：《两汉思想史》（3），第3页。

含了古人的思想与古人的品格、个性、家世、遭遇、时代之间的关系以及思想在历史上发展演变的踪迹。① 严格意义上以考证真伪错讹为目的，"以文献为对象的文字工作"的考据只是其中的一小部分，实际上进行的是一种资料或者说思想内容的搜集整理工作。所以徐复观也并没有直接将其等同于清人的考据，而是称之为考据的扩展。徐复观也在此提出了他在方法上最看重的一点——归纳。这就意味着，对徐复观而言，获得证据固然重要，但更为重要的是如何使用这些证据。而持"考据为本义理为末"以及持清代汉学"由考据通义理"观点的一方，正是在这一点上出现了最大的问题。这方面首当其冲受到徐复观批评的，就是傅斯年"以语言学治思想史"的观点。

（三）对训诂的定位——训诂不等于考据

傅斯年观点的提出与他对阮元训诂学方法的认同有直接关系。② 训诂通常被看作考据的一种，有时，人们甚至会在相同意义上使用这两个词。③ 但是徐复观却不这样认为，他说："仅作为义理入门的语言训诂不能成为'考据之学'。"④ 如果单论这一句，说训诂不能成为考据，恐怕很多人都有异议。但徐复观此言是想强调，训诂不能直接等同于考据。他认为，训诂的工作只属于细读全文过程中的一个部分。训诂是以字词为对象的古今文字转换工作，但徐复观的考据还包含了对思想变化的考据，这并不是训诂所能处理的对象。⑤ 就工作类型而言，训诂可以说是考据工作中的一种；但就整个过程而言，训诂只能成为考据之学中的一个组成部分。

徐复观认为傅斯年"以语言学治思想史"的做法是结合了西方"哲学乃语言之副产品"的一家之言与乾嘉学派的末流。⑥ 他在后来写给加藤常贤的信中，把这种方法称作"训诂学的演绎法"⑦。他认为这种方法的问题一是在于

---

① 徐复观：《两汉思想史》（3），第3页。
② 傅斯年：《性命古训辨证》，上海：上海古籍出版社，2012年版，第1-2页。
③ 毛子水在谈考据和义理的关系时说："我们不能责治声音训诂的人去讲义理，正和我们不能责讲义理的人去治声音训诂一样。"这里就是将声音训诂作为考据去说考据和义理之间的关系。详见徐复观：《学术与政治之间》，第453页。考据家也常持"训诂明而后义理明"的说法。参见徐复观：《中国思想史论集》，第104页。
④ 徐复观：《学术与政治之间》，第486页。
⑤ 陆宗达，王宁：《训诂方法论》，北京：中华书局，2018年版，第5页。
⑥ 徐复观：《中国人性论史·先秦篇》，第1页。
⑦ 徐复观：《中国思想史论集》，第243页。

被还原的语言不能代表语词经历演变发展后的含义,并引用叶斯伯森(Otto Jespersen)的论述从语言学的角度提出,语原甚至不包含它产生时应当包含的全部乃至重要含义。① 二是同一时代的同一名词亦包含了不同内容,不能一概而论。三是阮元、傅斯年都在使用训诂时犯了过度演绎的错误,把训诂字词的可能性武断地当作必然性,特别是在立场先行的情况下,得出了一些错的论断。② 比如,傅斯年认为先秦古籍中的"性"可以全部用"生"字代替就是一例。③

而且,徐复观认为这种还原语原的方法一旦用在我国文字上,会使得大量不相等甚至不相关的文字被等同起来。因为我国文字是以象形、指事、会意为主的象形文字,在造字之初的甲骨文当中就有通过假借、引申来造字的情况。④ 当时的字原就不代表造字的含义,又怎么能用来推测后来的含义呢?传统训诂学常通过音韵来推测字的假借转注,但是我国文字自古及今都是音同义异者众多,所以以古音来求古义事实上不可行。⑤ 另外,我国文字自身没有词性区分,语词的词性取决于它在语句中的位置关系,不能孤立地决定一个字的字义。⑥ 傅斯年的做法是用母字(字原)直接代替孳乳字(衍生字),这样做既无视了文字的发展演变,也取消了二者之间的区别。徐复观认为在文字演变初期,确实存在二者互用的情况,但其具体含义是由语句所表达的思想决定的。⑦ 对文字的理解可以从训诂开始,但其含义的确定一定要和上下文关联起来,文从字顺,最终通过归纳得出字义。⑧

考据训诂的目的是站在正确的文献基础上去理解文本思想。但问题是,对于同一字,常有各家训诂结果不同的情况出现,如果要以训诂为字义准绳的话,该以哪一种为准呢?训诂本质上是一个古今文字的转换工作,类似于今天

---

① 徐复观:《中国人性论史·先秦篇》,第 2-3 页。
② 不过阮元和傅斯年的立场并不相同,阮元的立场是反宋学,而傅斯年的立场是他预设了这种"就其字义疏为理论"的方式可行。徐复观:《中国思想史论集》,第 244-245 页。
③ 傅斯年:《性命古训辨证》,第 9 页。
④ 徐复观:《中国人性论史·先秦篇》,第 4 页。
⑤ 徐复观:《中国人性论史·先秦篇》,第 4 页。
⑥ 徐复观:《中国人性论史·先秦篇》,第 4 页。
⑦ 徐复观:《中国人性论史·先秦篇》,第 5 页。
⑧ 徐复观:《中国人性论史·先秦篇》,第 12 页。

繁简字体的转换。借文字转换之机，阐述新思想，乃至作为表达立场的支撑工具，这事实上超出了训诂本来的功用。对于某些实在解无可解的文本，训诂可以作为一个绝路求生的方便法门，但其结果只具有可能性，不能当作断论。就思想而言，最终决定字义的是上下文，训诂不对字义起决定性作用。所以训诂虽然常被赋予一些超出训诂工作本身的意义，比如认为训诂包含了训诫、训示、训导的教化功能①；或者认为训诂可以作为一种观念溯源和解蔽的手段，为思想研究提供更丰富的资源等②。但是赋予训诂这些意义，与实际操作中用训诂直接进行的工作相距甚远。现代专门从事训诂工作的学者，对训诂的定位就是古汉语的词义学而非其他。③

（四）对考据的误解——考据不等于科学方法

五四以来，考据经常被拿来和科学方法相提并论，原因是做考据的学者，认为考据方法和科学方法有可比拟之处。这种观念发展到后来，就变成了考据方法等于科学方法，"可由提倡考据之学来促进中国的科学化"④。徐复观认为这种说法既对科学方法缺乏基本了解，又对考据本身存有误解。如前文所述，考据作为专门之学，其对象和范围都是特定的，它可以在文献资料的范围内做一定扩展，但不可以无限扩大，尤其不可能像持考据立场的部分学者想象的那样，把生理学和心理学等其他的科学学科都囊括在内。⑤ 这种想法的产生，或许也体现了在新旧学术转换的过程中，当时人们对现代学术体系中的学术分科和术语还没有形成非常明确的认识，以及想要以中国的传统之学来应对现代化的意图。不可否认，考据的严格求证精神确实与求真务实的科学精神有相似之处，但是，考据本身是不能和现代科学方法对等起来的。

考据方法和科学方法有以下区别：

首先，从研究对象来说。考据的对象以文献为主，也包含少许有文字记载

---

① 张丰干：《训诂哲学：古典思想的辞理互证》，成都：巴蜀书社，2020年版，第4页。
② 陈少明：《由训诂通义理：以戴震、章太炎等人为线索论清代汉学的哲学方法》，《中国社会科学》2018年第7期，第48—53页。
③ 陆宗达，王宁：《训诂方法论》，第5页。
④ 徐复观：《学术与政治之间》，第533页。
⑤ 这一说法是毛子水所说："经济学还不能算是考据的学问，生理学和心理学则应当为完全考据的学问。"见徐复观：《学术与政治之间》，第453页。不过这句话在后来出版的《毛子水文存》中已删去。

的文物，但并无其他。而对科学方法而言，它其实并没有特定的研究对象，任何一门学科都可以用自己学科的专业方法进行研究，这些方法都可以称为科学方法。换言之，科学方法并非某种特定的方法，而是泛指所有具有科学性的方法。从这个意义上，徐复观认为："充其量可以说考据用的是科学方法，等于说生物学用的是科学方法一样。"① 考据可以使用具有科学性的方法，但是考据本身不能等于科学方法，认为二者相等的观点等于是"把专称的名词（考据）代到全称的名词（科学方法）中去"②。就具体学科的科学方法而言，研究方法一定是与研究对象紧密相关的，甚至可以说研究方法取决于对象本身具有的特征和规律。③

其次，从方法形式来看。考据的形式是文献之间的参互对照，而科学方法指的其实是自然科学的方法，两者之间有本质区别，是无法交换使用的。比如，在这场争论中被认为等于考据的观测、实验，并不能用在考据上。④ 徐复观说："凡对文献所作的考察工作，根本不能称之为'观测'，而对文献的考证，更不可能有实验；这是研究历史和研究自然科学的最大不同之点。"⑤ 徐复观认为，近代学问的转变在于"从书本的世界转向感觉的世界，由文献的引证转向经验材料的实证实验"，其中最关键的转变是"数学与经验世界的结合"。⑥ 停留在书本世界和文献引证的传统考据，既不足以面向自然科学，其方法也谈不上是自然科学的方法。

最后，从知识结构来比较。考据获得的知识是零散的，徐复观称其为零星的认知活动，它不追求系统性的知识和法则，但这一点恰恰是知识之所以能够成为科学的必备条件。⑦ 与之相对应的是，考据工作对人的训练是使人"用心细密"，但由于考据知识的零散和片段化，使得这种训练无益于提高人的思考能力，更不要说研究科学所需要的系统性思维能力了。⑧

---

① 徐复观：《学术与政治之间》，第531页。
② 徐复观：《学术与政治之间》，第532页。
③ 徐复观：《中国思想史论集》，第2页；《学术与政治之间》，第486、491页。
④ 徐复观：《学术与政治之间》，第532页。
⑤ 徐复观：《学术与政治之间》，第532页。
⑥ 徐复观：《学术与政治之间》，第533页。
⑦ 徐复观：《学术与政治之间》，第533页。
⑧ 徐复观：《学术与政治之间》，第462、533页。

也就是说，一方面，研究对象的差异使得考据之学和自然科学具有迥然不同的方法，方法和对象之间不能交换互用；另一方面，知识结构的不同也使得二者处于思维的不同阶段。对于这两者之间被强行建立的联系，在徐复观看来，只是五四以来一部分人的攀附。①

所以，徐复观认为传统学问中的考据是一个专门之学，是以文献为对象的文字工作，它可以在现代学术背景下的治思想史中向搜集资料、取证归纳的方向扩展。但考据不等于训诂，更不等于科学方法。考据应该在适当的范围内被使用，夸大考据的作用没有必要，更毫无根据，只能是欺人之谈。

二、传统学问中的义理

在这场辩论中，考据一方对义理的定义同样存在界定范围不明确的问题。他们认为义理包括了"圣贤修己治人方法的阐明""人生哲学的研讨""大而宇宙的演化，小而昆虫草木的生灭"（毛子水）以及"一切事相存在与活动的法则"（张春树）。② 徐复观认为他们对义理的界定既漫无边际，又混淆了不同的讨论对象，没有把以道德实践为主要内容的"义理之学"和以前者的思想内容为研究对象的"治思想史"区分清楚。③

（一）"义理"的含义辨析

徐复观所说的义理主要是就道德方面而言，可以分为道德、道德的实践、关于道德实践的学说这三层含义。但是徐复观认为以上三者的落脚点都在人自身的伦理道德上，而且他反复强调人的道德和实践二者是分不开的。可以把有关道德实践的学说看作义理的思想层面，但是这一层面主要是为义理的实践层面，也就是为道德的实践服务的。

徐复观说，中国义理之学的内容主要是道德的实践。④ 其根源是"为仁由己"（《论语·颜渊》）和"我欲仁，斯仁至矣"（《论语·述而》）。⑤ 这两句

---

① 徐复观：《学术与政治之间》，第486页。
② 徐复观：《学术与政治之间》，第452－453、463、530页。
③ 徐复观：《中国思想史论集》，第5页。
④ 徐复观：《学术与政治之间》，第484页。
⑤ 徐复观：《学术与政治之间》，第457页。

都表达了道德由人自身的实践意愿主宰的意思。他以陆九渊的话,"某则不识一个字,亦须还我堂堂地做个人",来说明义理的重点在于道德实践,而道德实践是不受书本上的思想学说限制的。也就是说,即使没有关于道德实践的学说,也不妨碍人的道德实践。

这是因为,义理或者说人的道德,其来源不是各种思想学说,而是人自身本来就有。徐复观说:"'义理'另有来源,即'人而不仁,如礼何?人而不仁,如乐何'的仁。"①"传统的义理之学……其最后的根源是各个人的心、各个人的性。"② 即义理根源于人性内在普遍具有的道德本能(仁)、意愿(心)和本性(性)。义理不建立在思想学说的基础上,自然就不可能以考据为基础。而且,徐复观指出考据也不一定对义理有帮助,他以《论语》中草木鸟兽与兴观群怨、礼乐与仁的关系为例进行了说明。③ 考据的对象可以是草木鸟兽,但不考据也不妨碍人们兴观群怨。礼乐的表演形式以及器物可以做考据,但是借由礼乐所表达的仁,不能成为考据的对象,考据礼乐也无益于增加人们对仁的理解。④ 因为外在的事物虽然可以考据,但内心的情感无法成为考据的对象。

而与考据有关系的义理,指的是关于道德实践的学说。更确切地说,是关于道德实践的学说用文字形式呈现在书本上的思想内容。徐复观认为,这属于"治思想史"的工作。但这并不意味着考据获得的材料就能够直接组合成思想。因为考据获得的材料是零散的,必须经过人的抽象思考,归纳出贯通全局的核心观念,才能把握思想的逻辑结构。

不过,徐复观在谈及政治的"义理"时,曾说义理指的是政治的思想、理论、理想而非实践。原因是,他认为政治实践需要通过典章制度,但是政治理论并非如此,观念层面的思想理论和实际政治的典章制度可以分开。⑤ 此处的"义理"重点不在实践而在思想上,似乎和他关于道德的义理论述相悖。但是细究原因可以发现,对典章制度的实践与对政治理想的实践并不相同,前

---

① 徐复观:《学术与政治之间》,第 455 页。
② 徐复观:《学术与政治之间》,第 460 页。
③ 徐复观:《学术与政治之间》,第 452-453 页。
④ 徐复观:《学术与政治之间》,第 455 页。
⑤ 徐复观:《学术与政治之间》,第 455 页。

者的实践主要在于执行,而后者的实践是与人生价值相关联的,对自身理想的践行即后者才是徐复观所说的义理。所以对他说的政治的义理依然可以参照对道德的义理的分类,即政治理想、对政治理想的实践以及关于前者的学说三者。

这种分类意味着,传统中的"义理"一词,实际上包含了价值、实践、思想三个层面。所以在谈到义理时,需要区分具体语境中的义理究竟是在哪一个层面上。

（二）义理之学的实践传统

在徐复观看来,义理之学是中国历史上的文化主流,具有渊源已久的实践传统。[①] 这一传统有对应的思想内容,但其重点仍然在切身实践上。他说:"义理之学的命脉全在'反躬以践其实'的'工夫'。有此反躬以践其实的工夫,义理学才能得到真底生命。"[②] 所谓"工夫"指的就是实践,"反躬以践其实"的意思是人要返回到自身,通过实践来发现道德或者自身的实质。徐复观认为这种实践是义理之学的真正意义所在。因为道德实践的力量不仅能够塑造人自身的人格,也能对社会发挥影响力。这就意味着,实践层面的义理之学,所影响的对象是人自身的现实生活和社会上的道德风气。所以他说:"传统的义理之学是要直接对自己人格的修养负责,对世道人心负责。"[③] 在这个意义上,实践是义理之学的目的,也是最终环节,有了实践才有义理之学的"真底生命"。

实践层面的义理之学必然要让人去身体力行,在此过程中,关于道德实践的学说可以给人指导和启发,但是一来启发的文字和实践的收获未必有一一对应的关系。徐复观以天台大师智𫖮误解"因缘所生法"而提出的"一心三观"的事例,说明其甚至即使对原文理解错误,也不妨碍在实践上做出成就[④];二来典籍的作用只能居于辅助地位,只有实践才能产生实际影响,发挥决定性的作用。而且,对于典籍中关于道德实践的学说,也要通过个人的身体力行才能去

---

① 徐复观:《学术与政治之间》,第495页。
② 徐复观:《学术与政治之间》,第493页。
③ 徐复观:《学术与政治之间》,第460页。
④ 徐复观:《学术与政治之间》,第460页。

验证对不对。徐复观以恻隐之心为例，指出知识范围内对人的语言或表情做出的统计，与人自身的行为动机没有关系。① 要对书上说的恻隐之心加以验证，只能通过类似经历，在切身体验中加以判断。所以，不仅作为道德的义理不以考据为基础，作为实践的义理之学同样不可能以考据为基础，而且各种道德实践的学说都要通过实践才能加以验证。

徐复观认为这种重视道德实践的传统是从孔孟开始的，他说："工夫二字虽由宋儒强调，但孔子'为仁'的'为'，'克己复礼'的'克'与'复'；孟子'养浩然之气'的'养'，'求放心'的'求'，'知皆扩而充之'的'扩充'，都是'工夫'。"② 宋明理学虽然与孔孟的思想不完全一致，但在这种重视实践的"基本精神和大底脉络"上，仍然是孔孟的继承者。③ 清代汉学并不重视实践层面的义理之学，考据家们站在纯考据的立场，只把书本上关于道德问题的思想内容作为一种客观对象，忽略了主观的情感、体验对于理解道德问题的作用，因此缺乏切身体会，所以徐复观认为他们无法对义理谈出深刻的道理来。④

（三）义理之学的分类研究

如上文所述，传统中的"义理"一词包含了不同层面的内容，在没有区分的情况下讨论义理和考据的本末关系必然会发生错误。徐复观认为，这是因为传统学问本身缺乏精密细致的分类，使得古人的"治义理"虽然重在实践，但也常把对思想的了解和自身的道德实践当作一回事。⑤ 然而，当我们要在现代学术的背景和规范下，将其作为研究对象时，就要考虑如何对其精确分类以及严格界定的问题。这种区分意识的明确需要一个过程，即使是像钱穆这样的学者也曾把"治宋儒之义理""欲明古书义理"（治思想史）和"宋儒偏重义理"（义理之学）混同起来。⑥ 所以，在把义理分为价值、实践和思想三者之后，就可以分析它们分别属于什么类型，以及如何研究了。由此，徐复观

---

① 徐复观：《学术与政治之间》，第464页。
② 徐复观：《学术与政治之间》，第493页。
③ 徐复观：《学术与政治之间》，第494页。
④ 徐复观：《学术与政治之间》，第493-494页。
⑤ 徐复观：《学术与政治之间》，第495、534页。
⑥ 徐复观：《中国思想史论集》，第100-101页。

提出：

第一，义理之学可以直接从义理之学的本身去讲。①
第二，传统的义理之学是要直接对自己人格的修养负责，对世道人心负责。②
第三，治思想史是在求得一种知识。③

从本身去讲的义理之学，对应的是价值问题，相关讨论可以直接关注问题本身，而不必考虑历史因素，所以徐复观说它和思想史之间的区别类似于哲学和哲学史之间的区别。④ 前者关注问题本身，后者关注历史上的相关思考。传统对应的实践问题则如前文所述，主要取决于个人意愿。治思想史对应的是思想层面，是将历史上的"义理"作为研究对象，目标是将古人的实践历程和思想表述都经过思辨呈现为有逻辑的客观知识。这种分类研究，意味着要将传统学问中的义理置于现代学术分科治学的范式之下，其实质就是要对传统学问做现代转换。

三、在现代学术中治思想史

晚近以来，我国在知识上受到的冲击，不仅涉及对外来知识内容的接纳与融合，更是在知识体系上要按照现代学术的要求与范式，对传统学问进行转换和重塑。考据和义理作为传统学问中的不同治学路径，具有不同的功能、内容和追求。如何汲取二者的价值并在现代学术中准确定位它们，徐复观是有高度自觉的。治思想史就是他在这种转换背景下提出的解决方案。

（一）现代学术的要求

传统学问和现代学术最大的不同在于：传统学问包括了实践层面上的行

---

① 徐复观：《学术与政治之间》，第460页。
② 徐复观：《学术与政治之间》，第460页。
③ 徐复观：《学术与政治之间》，第460页。
④ 徐复观：《学术与政治之间》，第460页。

动,如中国传统的修身养性、安身立命等以德性修养、自我实现为目的的道德实践;现代学术并不把现实生活中的实践纳入自身领域之内,而是将注意力集中在如何用知识的形式将思想、理论呈现出来的层面上。

所以,在现代学术中治思想史,首先就意味着要把知识目标放在第一位,按照知识的客观性原则,对义理做出客观认定,将其当作客观研究对象。① 徐复观认为这不仅需要在对象上充分尊重历史,承认中国历史上确有以道德实践为主的义理之学存在,依据历史事实严格划定研究的界限,还要在对象特征上按照古人自身的实践历程去了解思想。因为他认为义理之学的思想,也就是义理的思想层面是人在内、外的实践中得出的,这种实践得出的思想与西方由思辨得出的思想不同,所以要对思想者个人的实践经历格外注重。这也是他把义理之学的思想研究归为思想史而非哲学史的原因。②

其次,现代学术也对研究方法的科学性提出了要求。尽管在考据与义理之争中,考据一方一再强调要用科学方法得出结论,但他们误解了科学方法的意义是什么,所以误解考据就是科学方法。而徐复观指出,方法与研究对象是不可分的,科学方法的重点在于依据研究对象自身的构造得出规律。③ 比如要了解宋明理学,就应该依照宋儒得出结论的方法来进行,就像研究一个魔术也要按魔术师变魔术的方法来研究一样。④ 所以自然科学中的观测、实验无法套用在义理之学身上,乾嘉以来的训诂、考据也不能当作思想研究的唯一手段。而且中国古代思想家表达的思想较分散,少有做抽象定义和概括界说的情况。⑤ 这就要求治思想史不仅要通过考据,尽可能全面地掌握思想材料,并依据义理之学以实践为重,顺着古人的实践历程如实地了解古人思想的发展演变,还要经过抽象思考和严格思辨,找出能够贯通全局的中心观念,从而把握思想的逻辑结构和核心精神。

最后,思想研究不同于对客观事物的研究,容易掺杂个人生活中的价值观念和情感因素。这种特殊性要求研究者在态度上要尽量中立客观,不能怀着先

---

① 徐复观:《中国思想史论集》,第7页。
② 徐复观:《学术与政治之间》,第461页。
③ 徐复观:《中国思想史论集》,第2页;《学术与政治之间》,第491页。
④ 徐复观:《学术与政治之间》,第491页。
⑤ 徐复观:《中国思想史论集》,第2页。

入为主之见，被自身的立场左右。徐复观认为"敬"作为"人的精神的凝练和集中"，能够帮助研究者把注意力集中在客观对象上，不被自己的主观成见蒙蔽。[①] 如果研究过程不是先搜集材料再得出结论，而是带着观点找材料，就容易出现材料受观点左右的情况，偏离客观性的要求。

（二）现代转换的方案

考据与义理之争看似是治学路径之争，但实际上双方都是在努力为传统的现代转换提供行之有效的解决方案。在争论过程中，比较有趣的一点是：考据一方提出的现代转换方案其实存在矛盾。即一方面认为用考据治义理就是用科学方法治义理，把考据等同于科学方法。尽管如前所述，这是由于他们对考据和科学方法都有误解，但仍然体现了一种试图用中国传统中已有的学问来应对现代化的意图。另一方面是主张用现代科学来治义理的设想，则是用现代学科中的逻辑实证主义、相对论、行为主义心理学等来研究义理，并认为这些学科中的内容可以代替中国传统的义理之学。[②] 这与前一种主张正好相反，是用现代学科来重构甚至代替中国传统。这两种设想延续了近代中国在古今中西问题中的不同立场，出现了相互矛盾的情况。[③]

在徐复观看来，这些设想都不可行。先说考据和训诂：

正如本文第一部分所言，考据是以文献为对象的文字工作，可以在治思想史中向搜集资料、取证归纳的方向扩展。但是考据之所以不能作为现代转换方案，不是因为它在思想研究中没有作用，而是因为它不足以完成思想研究的全部过程。从考据获得材料到形成有逻辑的完整思想之间还有一大步，这中间需要的是人的抽象思考。只有经过严格思辨，才能把材料组织起来，做到依逻辑地讲道理，才算是形成了思想。所以在治思想史的过程中，要严格定位考据的功能和局限，才能更好地发挥它的作用。

训诂是以字词为对象的文字转换工作，对了解文字含义的发展演变有帮助。但是从字词到句子，或者说从字义到语义之间仍有距离。思想研究的对象

---

① 徐复观：《中国思想史论集》，第8页。
② 徐复观：《学术与政治之间》，第535—541页。
③ 杨国荣：《体用之辩与古今中西之争》，《哲学研究》，2014年第2期，第36－42、127－128页。

是思想，而表达思想的最小单位不是字词而是句子。① 文本思想不是由训诂得来的字义决定的，而是由文章以及句子的上下文决定的。所以徐复观认为，读书顺序除了从积字成句，进而到一章、一书的依次积累以外，还要反过来从一家思想来确定一书，再逐次到一章、一句、一字的含义；前一步需要训诂考据，而后一步需要的则是抽象归纳的思辨能力。②

再看用上述现代学科代替义理之学的设想：

思想层面的义理之学讨论的是价值层面"应当如何"的问题，它并不是相对论、逻辑实证主义的研究对象，和自然科学层面对物理世界的研究也是两回事。就行为主义心理学而言，徐复观认为它和孟荀的人性论之间有巨大区别。前者从生理角度看生理活动，不涉及甚至不承认价值层面的问题，后者则是"从价值的立场去看生理活动的，并且是把生理活动纳入于价值范围中，以发现理性良心对生理活动的主宰性"③。行为主义心理学自身亦有理论缺陷，既不考虑人内在的情感情绪，更代替不了义理所包含的对人性问题的思考。

所以，考据训诂无法完成思想研究工作，逻辑实证、行为主义心理学等现代学科也代替不了义理之学。要做好传统的现代转换工作，治思想史是一种好的办法。它既在内容上要求尊重历史、如实陈述以满足知识的客观性要求，又在逻辑上强调要严格思辨来掌握思想的结构和精髓，真正满足现代学术对内容客观和方法科学的要求，能够成为继承传统学问的现代学术研究。

（三）治思想史的方法

徐复观将他的研究定位为思想史，原因除了认为中国义理之学的思想出于内外实践而非思辨以外，还因为他在理论上没有专门建构形而上学的打算，这与他对中国思想的定位有关。④ 他看重的是思想的演变发展和对历史的如实陈述。对思想演变的注重使他强调除了关注思想的演变，还要关注思想家本人实践历程的演变。对如实陈述的坚持则表明了他对客观性的追求以及对历史事实

---

① 李巍：《从语义分析到道理重构：早期中国哲学的新刻画》，北京：商务印书馆，2019 年版，第 18 - 20 页。

② 徐复观：《中国思想史论集》，第 129 - 130 页。

③ 徐复观：《学术与政治之间》，第 540 页。

④ 这一点在学界已形成一定共识。参见黄俊杰：《东亚儒学视域中的徐复观及其思想》，上海：华东师范大学出版社，2011 年版，第 22 页。陈少明：《做中国哲学》，北京：生活·读书·新知三联书店，2015 年版，第 278 页。

的尊重。

从程序上来说,治思想史需要先通过训诂考据掌握文献,按照积字成句的顺序完成文献阅读;再用整体确定部分的方法确定文本表达的思想含义;继而经过抽象思考得出核心概念;再按照概念本身的合理性、自律性进行概念的分析推演;然后经由严格思辨把握思想的逻辑结构;最后同样用思辨的方式把思想如实陈述出来。①

徐复观认为,他的治思想史和哲学史最大的区别在于这两种研究的思想来源不同。哲学史研究的思想可由纯思辨得出,不涉及个人的生活经历和情感体验;治思想史研究的思想主要是由人在现实生活中的具体经验而来,是将内在情感和生活实践中的体验抽象提炼成为思想。所以前者可以不涉及哲学家本人的生平经历,只研究思想本身,而后者则必须经由知人论世,掌握思想之所以形成变化的历史前提。然而,尽管两种思想的来源不同,但其最终呈现出来的成果,在其严格思辨的形式上是一致的。他的治思想史对我们今天以哲学方式研究中国思想的意义正在于此。正如冯友兰所说:"我们近百年来之所以到处吃亏,并不是因为我们的文化是中国底,而是因为我们的文化是中古底。"②"中古"指的是方式上的落后,所以与思想来源的差异相比,方法、方式上的革新突破对现今的研究更为重要。

还有一点非常值得注意,那就是徐复观对文本思想客观性的看法。徐复观说:

> 愈是思想受有训练的人,愈感到这种合理性、自律性的精细、严密,其中不容许有任何主观的恣意。某种东西为此一概念之所有或可能有,某种东西为此一概念之所无,或不可能有,概念与概念之间,何者同中有异,何者异中有同,何者形异而实同,何者形似而实异?异同之间,细入毫厘,锱铢必较,其中有看不见的森严的铁律。在此种精密的概念衡断之下,于是对于含有许多解释的字语,才能断定它在此句、此章、此书、此

---

① 徐复观:《中国思想史论集》,第121页。
② 冯友兰:《三松堂全集(第五卷)》,北京:中华书局,2014年版,第250页。

家中,系表现许多解释中的某一解释,确乎而不可移。①

这表明,一旦按照思想本身蕴含的观念和逻辑结构进行严格思辨,思想所陈述的内容是非常确定的。解释者的解释即使未必能非常全面,但也不能主观任意,而要受到文本自身思想逻辑的约束。徐复观认为,从原文中提出解释之后,还要反复回到原文中接受考验,保证解释的含义与原文相符。② 这与陈汉生(Chad Hansen)关于解释的客观性的观点可谓是不谋而合。③

所以,就现代学术对内容的客观性要求而言,治思想史除了对研究对象的范围及特征做客观认定,对研究对象的文献资料做考据确证以外,还对验证文本思想的逻辑和含义有要求。方法的科学性主要和中国传统重实践以及思想家缺乏系统论述的特点有关,故而治思想史既要注重思想及实践的历程演变,也要用思辨的方式把思想如实呈现出来。对此前文已有说明,此处就不再赘述了。

总之,在面对从传统学问到现代学术的现代转换问题时,徐复观严格限定了考据的功能,将其作为思想史研究方法的一部分,并在知识上期望用治思想史的办法继承中国传统的义理之学。他对思想传承成为价值传承的基础寄予了厚望。

---

① 徐复观:《中国思想史论集》,第121页。
② 徐复观:《中国思想史论集》,第4页。
③ [美]陈汉生:《中国古代的语言和逻辑》,周云之译,北京:社会科学文献出版社,1998年版,第3页。

道心也有不善：对朱熹人心道心说的反思

全林强[*]

【摘要】人心的现代哲学意义是蕴涵了合理性的个体性范畴，道心指代合理性，因此，人心蕴含道心，是一元论的。一元论成为当代人心道心研究的主流架构。人心、道心一元论有其内在的未解决的困难。为了避开一元论的困难，回归二元论是一个更好的选择。此举并非回归朱熹二元的主导—顺从结构，而是人心、道心二元的并列结构。这一结构是在王夫之"道心亦不可信"的基础上提出来的，因为人心有不善，道心也有不善，任何一方都不比另一方更具优先性，二者是均衡性的。均衡性的并列结构要做出抉择，意味着必须打破均衡性，因此，并列结构包含了突变结构（主导—顺从结构），可以成为心理现象的儒家哲学分析框架。

【关键词】朱熹；王夫之；人心；道心；主导—顺从结构；并列结构

一、人心、道心的一元结构及其问题

人心、道心是朱熹哲学研究的一对重要概念，也是朱熹哲学少有的泾渭分明的对立性概念。朱熹在《中庸章句序》中引用了《古文尚书·大禹谟》"人

---

[*] 作者简介：全林强，哲学博士，五邑大学马克思主义学院讲师，研究领域为儒家哲学、儒家道德哲学。

基金项目：国家社科基金重大项目"明清朱子学通史"（项目编号：21&ZD051）阶段性成果。

心惟危，道心惟微，惟精惟一，允执厥中"，朱熹解释为："以其或生于形气之私，或原于性命之正，而所以为知觉者不同，是以或危殆而不安，或微妙而难见耳。"① 人心用"私""危殆不安"来描述，道心用"正""微妙而难见"来描述。这些词汇决定了人心、道心是反向对立的价值取向，一个为负，一个为正。人心之危需要道心之正来化解，因此，朱熹提出了道心为主、人心听命的主导—顺从结构，"必使道心常为一身之主，而人心每听命焉，则危者安、微者著，而动静云为自无过不及之差矣"②。道心主宰、约束、规范人心，使人心之"危"不至于转化为现实。

道心代表的是对公共秩序"理"的认知。张岱年主编的《中国哲学大辞典》中给道心下的定义是"合乎封建道德准则之心"，"道心'源于性命之正'，即纲常伦理，是很微妙的"。③ 这一定义很好地体现了朱熹对于道心的理解。当代研究者对于道心的定义没有太大的分歧，都认同道心是与理（道德原则）相关的心理意识。④

人心代表了与公共秩序相对的认知。《中国哲学大辞典》对人心的定义是："指和各种物欲相联系之心。"这个定义是模糊的，引入了"物欲"一词，但没有给出定义。辞典中有"理欲""人欲"等词条，并无"物欲"。因此，人心词条的定义并不成功。陈来认为，人心是"人的感性欲念"⑤。人心是人的感性方面的知觉及欲望，进而引申出另一特征：个体性。⑥ 感性知觉、欲望都属于个体性的范畴，是中性的。任一个体都有属于自己的个体性，只有过度追求自己的欲望才会产生道德之恶。这种解释非常契合朱熹对于人心的定位：人心只是危，并不是恶。这种理解代表了当代人心、道心研究的一个主流倾向。

---

① 朱熹：《四书章句集注》，北京：中华书局，2012年版，第14页。
② 朱熹：《四书章句集注》，北京：中华书局，2012年版，第14页。
③ 张岱年：《中国哲学大辞典（修订本）》，上海：上海辞书出版社，2014年版，第186页。
④ 陈来认为，道心是"合于道德原则的意识"（参见陈来：《宋明理学》，上海：华东师范大学出版社，2003年版，第143页）；杨国荣认为，道心"无非是天理在主体之中的内化。作为天理的内化，道心具有普遍性的品格，而以道心为主，则相应地或多或少将主体理解为一种普遍化的我"（杨国荣：《孟子的哲学思想》，上海：华东师范大学出版社，2009年版，第146页）。
⑤ 陈来：《宋明理学》，上海：华东师范大学出版社，2003年版，第143页。
⑥ 谢晓东，全林强：《论东亚儒学中人心道心问题的哲学意义》，《厦门大学学报（哲学社会科学版）》，2022年第1期。

（一）人心、道心一元论的两条路径

人心向个体性的转进，意味着人心、道心问题中人心获得更大的合理性。这点实际上与朱熹之本意并不符合。朱熹以"危"来描述人心的特征，本就意味着人心的负向价值。当我们说"张三是一个危险的人"，意思是张三便是一个我们要防范或者控制的人。个体性的中性特征无法表征"危"。这是当代人心、道心急于从传统人心、道心对立框架中脱离出来而产生的一个误用。

在传统框架中，人心是被控制、约束、压制的对象。人心被压缩在足够小的空间中运行，道心才能获得足够大的运行空间。当人心被理解为"个体性"时，至少对于现代哲学而言，它便是具有合理性的范畴。因此，本质上，这是对于朱熹人心、道心的一种反思性研究，而不是哲学史研究。反思性研究的特征是：人心的空间极限大，道心是人心所包含的合理性。由此，人心、道心的对立关系发生转变：道心是人心所蕴含的。

这种转变的一个明显特征是：人心转化为广义的人心范畴。人心与道心的对立意味着人心不是合理性的范畴，合理性范畴是由道心承担的。现在，人心、道心都成了合理性的承担者。因为人心蕴含道心，因此，合理性范畴也蕴含在人心之中。这一转变是通过人心的广义化而获得实现的。总括言之，这种转变是有路径的。

第一条路径（R_1）：人心才是真实存在的，道心只是合理的人心形态。道心是合理性范畴，是人心所蕴含的，因此，人心也蕴含了合理性范畴。[①] 从而，人心便不是消极性的概念，道德的善恶都是人心的推论。

第二条路径（R_2）：道心是真实存在的，道心与人心是体用关系，道心是体，人心是用，用包含体。[②] 与 R_1 不同的是，道心的合理性经体用关系赋予了人心以合理性。

R_1、R_2 中的人心都是广义的人心，而非"人心、道心"之人心，广义的

[①] 参见谢晓东：《精微之境：李栗谷对人心、道心的诠释》，《学术月刊》，2015 年第 11 期；沈顺福：《传统儒家心论及其反思》，《江西社会科学》，2022 年第 1 期；钱穆：《宋代理学三书随札》（第三版），北京：生活·读书·新知三联书店，2016 年版，第 101 页；蒙培元：《蒙培元全集》第十七卷，黄玉顺、杨永明、任文利主编，成都：四川人民出版社，2021 年版，第 95 页。

[②] 参见成中英：《朱熹论"人心"与"道心"——从心的主体化与主宰性到道德心的实践》，《陕西师范大学学报（哲学社会科学版）》，2017 年第 6 期；张立文：《宋明理学研究》，北京：中国人民大学出版社，2016 年版，第 344 页。

人心是蕴含合理性的。这种转变的可能性源自概念的模糊运用，朱熹甚至在一句话中使用人心表达两种含义。① 在人心、道心框架内，人心是"危"，是消极的。但是，在宇宙本体论框架内，人心与天心组成一个概念系统，是天心的承担者，人心却是积极性的，有"仁义礼智"之"理"，从而人心是一个有合理性的范畴。②

概念模糊性给予了研究者修正的机会。"天心、人心"框架的人心与"道心、人心"的人心混用，阐发出了上面两条路径。R_1：人心蕴含了合理性范畴道心，从而取消了道心的实在性诉求；R_2：道心是体，而人心是用。合理性的道心是通过个体性的人心来表达的，因此，人心必然也须具有合理性。R_1、R_2的一个共同的结果：人心在"人心、道心"中的地位获得提升，不再是一个消极的概念，而是可以通过自身推导出合理性，从而合理性与自身结合，形成一种类似于康德主义的"自我立法"的逻辑结构，是一元论的。

（二）人心、道心一元论的问题

朱熹哲学备受批评的一个特征是二元论，二元论被视为朱熹哲学的固有理解框架。这种看法不仅出现在批评者③，就连朱熹的继承者也赞同。④ 二元框架在宋明理学以来的传统中被视为是有困境的，甚至朱熹本人也竭力辩护自己不是二元论。儒学的一个基本特性在于追求道德超越性，而这种追求只能通过道德主体自身的道德力量来进行。二元结构使得道德力量产生了分裂，从而削弱了道德前进的动力。杨泽波正是在这种意义上批评朱熹的人心、道心二元论使得"人们对道德本体也就变得不信任了"⑤。R_1、R_2本质上是在回应二元论的争议。这种回应是建立在默认二元论在儒学内部的消极意义基础上的。人心、道心二元论为什么是不恰当的，这点并没有人给出恰当的理论答案。相

---

① 比如"人心亦只是一个。知觉从饥食渴饮，便是人心；知觉从君臣父子处，便是道心"，前后两个"人心"所表达的含义就不同。前一个是广义的人心，也就是心，这个心包含了人心、道心。后面一个是"人心、道心"的人心，是与道心相对立的人心，是消极性概念，是不包含道心的。朱熹对于概念的模糊运用，增加了读者的理解难度，但是，却为狭义的人心转变为广义的人心提供了可能性。
② 陈来：《仁学本体论》，北京：生活·读书·新知三联书店，2014年版，第308页；吴震：《朱子思想再读》，北京：生活·读书·新知三联书店，2018年版，第144页。
③ 牟宗三：《心体与性体》，上海：上海古籍出版社，1999年版，第51页；李明辉：《儒家与康德（增订版）》，台北：联经出版事业股份有限公司，2018年版，第45页；
④ 冯友兰：《三松堂全集》第三册，郑州：河南人民出版社，2001年版，第328页。
⑤ 杨泽波：《孟子性善论研究（再修订版）》，上海：上海人民出版社，2016年版，第237页。

反，人心、道心的二元论能够对个体的心理状态进行分析。任一个体都有人心，也都有道心，二元论更符合我们的常识。在孺子将入于井场景中，任一个人都有恻隐，恻隐是道心，但并不意味着他不能有自私的考虑。张三有恻隐，但是他的行为是产生于"要誉于孺子之父母"。二元论更能反映人的现实心理现象。

R_1、R_2要求恻隐是"要誉于孺子之父母"之心的合理性，或者"要誉于孺子之父母"之心是恻隐之用。对R_1而言，"要誉于孺子之父母"是实在的，而恻隐是"要誉于孺子之父母"的合理性。"要誉于孺子之父母"如何推导出它的合理性恻隐，这点并没有解决。持R_1的学者可能回应说："我说的是：道心是人心之合理性，而不是恻隐是要誉于孺子之父母的合理性。人心可推导出它的合理性道心。"这种辩护是无法成立的。朱熹在很多时候举"饥食渴饮"的事例，饥而欲食、渴而欲饮是人心，饿了想吃饭，渴了想喝水，这是人的正常欲求。"是否当吃，是否当饮"是道心，即在什么情况下应该吃、应该不吃，应该喝、应该不喝。在嗟来之食的事例中，即使饿了也不应该吃。那么，饥而欲食之人心能否推导出应不应该吃之道心来呢？显然，答案是"不能"。

对R_2而言，恻隐是体，"要誉于孺子之父母"是用，前者是通过后者来表达的。恻隐需要"要誉于孺子之父母"来体现，这一主张本身就是不可理解的。恻隐作为独立的心理词汇能被我们理解，并非是要借助于"要誉于孺子之父母"。从词义方面，这两个词语完全不相干；从价值意义方面，各自属于不同的序列。当张三被评价为"他因恻隐而救孺子"时，这是积极评价，含义相当于张三是一个很有同情心的人。当张三被评价为"他因要誉于孺子之父母而救孺子"时，这是消极评价，含义相当于张三是一个功利心很重的人。功利心在我们的文化中是一个贬义词。一个积极的价值词汇如何能通过消极的价值词汇体现出来，这点并没有获得回答。在朱熹哲学中，人心与道心的价值序列显然是不同的，人心被视为即使不是被消灭的，也是被约束、被限制的，那么道心如何通过人心而获得体现呢？这是不是一个能够获得肯定回答的问题呢？显然，也不是。

R_1、R_2都涉及了人心、道心的转化问题，但是它们都没有回答这种转化的可能性。这一问题是不可能因为概念的模糊运用而获得解决的。人心如何推导道心？这个问题的解答只能从概念的逻辑关系入手。张三饥而欲食可以推导出张三想要有食物，却推导不出张三应该吃、张三不应该吃。张三饥而欲食，又知嗟来之食是对人格的羞辱，才能推导出张三不应当吃的结论。不应当吃不是饥而欲食分析性的逻辑推论，而是饥而欲食与嗟来之食是对人格的羞辱综合性的逻辑推论。道心不是人心分析的逻辑推论，而是一个综合性的逻辑推论。因此，道心并不是人心蕴含的。同理，道心也不蕴含人心，张三不应当吃推导不出张三饥而欲食，正如恻隐推导不出"要誉于孺子之父母"一样。R_1、R_2 的人心、道心的转化是不能成立的。

二、回归人心、道心的二元结构

一元论为了化解道心与人心的紧张所做的努力是有益的，但绝不是逻辑有效的，因为道心不是人心蕴含的。从人心推导出道心，需要添加外在的条件，比如饥而欲食需要添加嗟来之食是对人格的羞辱才能推导出不应当吃。嗟来之食是对人格的羞辱不是饥而欲食所蕴含的，是外在条件。饥而欲食与不应当吃都是"心"的运用，但是，并不意味着它们都是"心"的推论。朱熹有时在此处产生困惑，人只有一个心，这个是没有疑问的。他又承认有人心和道心，而且二者显然是不同的。为了与二元论划清界限，朱熹极为强调人心与道心是"一心"而非"二心"[①]，"如云'人心惟危，道心惟微'，道心固是心，人心亦心也"[②]。朱熹在这里产生了作为实体的"心"与作为哲学概念的"心"的混淆。人心、道心都是"心"的产物，同时，人心、道心也是哲学概念。作为哲学分析对象，朱熹应该主张人心、道心的"二"，而不是"一"。但是，他经常对此混淆。这源自朱熹哲学本有的实践性要求。人心、道心是分析心的两种现象的概念，哲学分析本身是要明晰概念之间的逻辑关系，而不是它的实

[①] "一心"是朱熹道心、人心发展过程中始终坚持的观点，"道心与人心，又实非有二心。则朱子对此人心道心之间接，实是始终一致，其间亦无大区别也"（钱穆：《朱子新学案》，北京：九州出版社，2011年版，第208-209页）。

[②] 黎靖德编，王星贤点校：《朱子语类》第一册，北京：中华书局，1986年版，第67页。

践性。①

人有多种心理现象，朱熹把人的心理现象划分为两种类型（人心、道心），并且进行了价值归纳。人心是归纳某一类现象的概念，比如饥而欲食、要誉于孺子之父母，等等；道心是归纳另一类现象的概念，比如恻隐，应当吃（不吃），等等。人心是"危"的，是消极性的，是不可信的序列；道心是"正"的，是积极性的，是可信的序列。二者是泾渭分明的，人心可能会产生类似于道心的结果，但人心仍然是人心，道心仍然是道心，是不能混淆的，"问：'人心、道心，如饮食男女之欲，出于其正，即道心矣。又如何分别？'曰：'这个毕竟是生于血气'"②。人心、道心的区分是根源性的，二者不能混淆。不能因为人心的具体形态类似于道心的具体形态，而称人心即道心，人心与道心不能相互转化。

在《朱子语类》中，朱熹对于人心、道心具体的使用如下③：

人心			
a. 生理性的需求和欲望	b. 理性欲求	c. 道德意愿	d. 道德错误
饥寒饱暖；欲生恶死；口之于味；目之于色；耳之于声；鼻之于臭；四肢之于安佚；痛痒；饥食；渴饮；喜；怒；寒而思衣	趋利避害	我欲仁④；从心所欲	饮盗泉之水；食嗟来之食；苟父一虐其子，则子必狠然以悖其父

---

① 朱熹的人心、道心作为一种哲学理论，应该是以求知而不是实践为本位的。实践不是讲道理的，它只是"做"，是缄默无言的。当代中国哲学方法论在"实践性"与"逻辑性"二者之间没有做出合理的区分，往往纠缠在一起。中国哲学的方法论应该放弃"实践性"诉求，而转变为纯理论或纯逻辑的话语。[参见冯友兰：《三松堂全集》第二卷，郑州：河南人民出版社，2001年版，第248页；冯耀明：《中国哲学的方法论问题》，台北：允晨文化实业股份有限公司，1989年版，第313-315页；李巍：《中国哲学：从方法论的观点看》，《深圳大学学报（人文社会科学版）》，2018年第5期。]
② 黎靖德编，王星贤点校：《朱子语类》第五册，北京：中华书局，1986年版，第2012页。
③ 本文在列出朱熹"人心、道心"表时删除了一些含义重复的项。
④ 谢晓东主张"我欲仁"是道心，"在笔者看来，'我欲仁'是一种指向道德的理性欲望，因而不属于人心而应当属于道心"[谢晓东、全林强：《论东亚儒学中人心道心问题的哲学意义》，《厦门大学学报（哲学社会科学版）》，2022年第1期]。笔者认为，把"我欲仁"视为道心并不符合朱熹的本意，"人心是此身有知觉，有嗜欲者，如所谓'我欲仁'，'从心所欲'，'性质欲也，感于物而动'，此岂能无！"朱熹很明确地把"我欲仁"纳入人心的范畴。谢晓东也引用了朱熹这段话，但是他认为此处所指向的对象"仁"是内在的，"一种理想人格或内在的道德情感"，因此他认为"我欲仁"是"指向道德的理性欲望，因而不属于人心而应该属于道心"。这种结论来源于他对人心的狭义理解，仅仅把人心定义为生理感觉，"把人心严格定义为人的生理感觉及其欲望的做法是比较合理的"，并进而怀疑文献本身的准确性和效力。笔者认为，中国哲学史研究应该从文献史料来纠正观点，而不应该从观点来纠正文献史料，对于文献史料的质疑需要由新文本的比较来提出。因此，他的解释是不够严谨的。

道　心
道德正确的心理
义理之心；惟义所在；仁之于父子，义之于君臣，礼之于宾主，智之于贤者，圣人之于天道；食其所当食；饮其所当饮；喜其所当喜；怒其所当怒；当衣与不当衣；非其道非其义，万钟不取；先难；惟舜则不然，虽其父欲杀之，而舜之孝则未尝替；知觉从君臣父子处；恻隐；羞恶；是非；辞逊

朱熹的人心可概括为四个内涵：生理性的需求和欲望、理性欲求、道德意愿、道德错误。这四个内涵可以涵盖《朱子语类》中朱熹对于人心、道心之人心的指称。谢晓东等人仅仅把人心解释为感性知觉、感性欲望等个体性的特性，并不能完全概括朱熹人心的运用。他们所作出的解释仅仅是上面四个内涵中之一［人心（a）］，是不完整的。

朱熹在《中庸章句序》中用"正"来描述道心，"本心之正"，本义即指道德正确。道德正确是指传统社会所认可的道德行为规则，即"合于理"。张岱年、杨国荣等人把道心视为与"理"相关，是正确的。这点没有太大异议。本文使用一个更现代的词——道德正确来概括"合于理"的含义。所谓道心，即道德正确的心理。

这两个表非常直观地表明了人心、道心是归属于不同的价值序列。道心是道德正确的心理，人心不具有思考道德正确与否的心理。人心与道心在内涵上并不对称，人心并不一定就是道德错误的，只有人心（d）才与道心是直接对立的。人心之所以为人心的根本原因在于它并不把正确（或者错误）纳入它的思考之中。人心这一概念的内涵可以概括为"主体想做之事，无论对与错"。相反，道心否定了这种任意性，它要求"主体思考所做之事或者将要做之事的道德正确与否"。人心与道心是完全不同序列的，是二元性的。没有理由把一种能够思考是与非的心理现象与不具有思考是与非的心理现象看成一元性的。陈来把道心理解为道德意识，人心为人的生命欲望，从而指出朱熹的道心、人心是"二元分析"的。[①] 陈来对于人心、道心的定义是值得商榷的，比如人心（b.c.d）便无法被人的生命欲望所涵盖，人的生命欲望仅仅相当于人心（a）。但是，他所作出的"二元分析"的判断是准确的。道心制裁人心，

---

① 陈来：《近世东亚儒学研究》，北京：北京大学出版社，2018年版，第30-31页。

二者是纠缠在一起的心理现象，"人的内心常常交织着感性欲念与道德观念，甚至道德意识与非道德意识的冲突，道德活动的基本特征就是用'道心'评判制裁'人心'"①。道心的具体化与人心的具体化是相互纠缠在一起的，任何人都无法摆脱这种纠缠。比如，安逸是任何一个人都想要的，当你窝在沙发上看了一整天电视后，你可能就会想到你浪费了一整天来做无意义之事，导致荒废了学习、工作，你的内心便会感到不安，想寻找补救。但安逸是有肉身的个体的一种诉求，一个人不可能永远不停地学习、工作。朱熹道心、人心的二元结构意识到了这点，即人心本身就是人的一个合理诉求。在道德上再苛求之人也不能忽略人心的诉求，因而二元结构反而为人心保留了存在的合理性空间。道心规范或约束人心，但是它无法消灭人心，也不能消灭人心。②

如果我们承认吃饭、睡觉等需求是有独立性的，它们存在的合理性不需要某种道德理想、道德规范来表达，那么，我们没有理由赞同道德理想主义的观点。因为这种观点主张吃饭、睡觉的需求有某种道德根源，而不是"饿了"这一简单的理由。这是 R_2 所隐秘地倡导的。这种思维难以获得现代人的理解，相反，朱熹的二元论更符合现代的思维。"我们饿了"是"我们吃饭"的理由，但是有些饭我们该吃，有些饭我们不该吃。我们饿了，旁边有个人在地上丢了一个包子，对我们说"捡起来就可以吃掉"，那么，我们即使很饿，也不会捡起包子吃掉。我们不捡起包子吃掉，并不能推导出我们不饿、不想饱餐一顿。此时，"饿了，想饱餐一顿"与"不可以吃"是共存的心理现象。它们其中之一都不需要作为另一之根源。"不可以吃"约束了"饿了，想饱餐一顿"，因为后者所促使的行为是对人格的极大侮辱。

这是朱熹人心、道心所要表达的意思，道心主宰人心，主宰是约束、规范、制约的意思。在人心、道心框架中，道心处于主导的地位，人心处于顺从的地位。我们把朱熹人心、道心框架称之为"主导—顺从结构"，它表达了以道德为优先的逻辑结构。人心最大限度地保持克制，保持在不能扰乱道心的范

---

① 陈来：《朱子哲学研究》，上海：华东师范大学出版社，2000年版，第231页。
② 杨国荣在《孟子的哲学思想》中认为："理学对于'我'的态度是贬抑或否定的态度，是要泯灭这种'我'的。"（参见杨国荣：《孟子的哲学思想》，上海：华东师范大学出版社，2009年版，第146页）杨国荣的这一观点是值得商榷的，至少，"泯灭"这一词并不适用于朱熹。

围之内。"饿了，想饱餐一顿"的愿望过于强烈，就会突破"不可以吃"的界限。乞丐捡地上的食物吃，吃别人的剩饭，便是对于吃饱饭的愿望过于强烈，突破了"不可以吃"的界限，因此也就丧失了人格。人心全面地侵蚀了道心，用朱子的话讲是"无羞恶之心"。

朱熹在《朱子语类》中所运用的人心、道心的事例，都符合我们的常识。它证明了一点：以道德为优先的主导—顺从结构是我们正常思维的逻辑结构。饥寒饱暖欲生恶死所触发的行为过度，则会带来不仅个体性的，甚至社会性的不安。因此，节制、约束、规范这类心理现象，使它们在某一合理的范围内运行，是必要的。这是朱熹人心、道心结构的一个合理之处。

三、道心亦不可信

朱熹人心、道心结构的基点是道心被视为道德正确的心理。在"嗟来之食"的事例中，主体思考应不应该食之后得出的不应该食的结论便是道心，主体在思考应不应该食之后得出应该食的结论便是人心。谢晓东等人把人心理解为生理的、感性的欲望并不能准确地涵括朱熹的人心。道德正确是区分人心、道心的关键所在。在《朱子语类》中，没有发现朱熹把不道德的例子看成是道心的先例。人心、道心是概括两种类型心理现象的抽象概念，二者所归属的序列有明确的界限，是不可转化的。"饮盗泉之水""食嗟来之食"在任何时候都是人心，"不当饮盗泉之水""不当食嗟来之食"在任何时候都是道心，二者不能相互转化。人心与道心之间界限分明，这不因所运用的事例而改变。这种结果是朱熹主导—顺从的以道德为优先的逻辑结构所决定的。在任何情况下，道心对于人心都有优先性、主导性。这在礼法性的传统社会中是一种合理的结构，也是维护礼法权威的一个必要方法。如果任何人都能够依据人心而质疑道心，以私己的欲望来毁坏礼法规范性，那么将对礼法社会制度产生严重的后果。

但是，这种传统结构在现代社会并不适用。现代个体的行为更多的是基于个体的权衡，而不是道德法则的要求。相反，道德在个体心理现象的角色可能仅仅是充当提供权衡的众多项之一，而不是优先考虑项。因此，我们在判断个体的心理现象时，就无法以道心为标准，而是把人心和道心都视为合理的项，是主体分析具体问题的要素。如此得出的结论可能是道德的，也可能不是道德的。虽然不是道德的，但却可能是合理的。合理而不道德的结论之所以成立，是因为人心始终保留了存在的合理性定位。这是朱熹人心、道心具有现代意义的一个面向，这个面向在朱熹传统中没有被凸显出来。主导—顺从结构中道心的道德优先性没有被消除，则人心的现代性面向便无法体现出来。

道心是道德正确的心理的概括，道心是善的，是完全可信的。顺着或者依据道心而发的行为必然是道德正确的。"不吃嗟来之食"是道心，"饿欲食"是人心，因此，在传统结构中，"饿欲食"不具有道德正确的意义，尽管它存在的合理性能够保留。依据"不吃嗟来之食"而行是道德正确的，而依据"饿欲食"则不是。"道心是不是可信的，道心会不会是道德错误"这一疑问在朱熹哲学中没有被提出来。明末清初的哲学家王夫之在《船山经义》中提出"不自信，则不特人心之不可信也，而道心亦不可信。夫兼爱疑仁，而为无父；为我疑义，而为无君。仁可愚，知可荡，忠信可贼，天理民彝之际亦严矣，故圣人深以危为惧也"①。王夫之认为不仅人心是不可信的，而且道心也不可信。"仁"与"兼爱"相似，却"无父"；"义"与"为我"相似，却"无君"。有仁爱的人可以是愚蠢的，有智慧的人可以是行为放荡的，忠信之人可以是祸国殃民的。仁、智、忠信是道心，道心产生了坏的后果，因此，道心如人心一般，也是不可信的。王夫之在此提出了一个理学中极为重要的命题："道心亦不可信"。这个命题为主导—顺从结构松了绑。王夫之对于道心不可信的判断是引入了道心所产生的后果作为标准，也就是道德正确与否不再是仅由内在心理状态所决定的，而是包含了由道心而行所产生的后果。② 一个好心之人却带来了坏的后果，在王夫之看来，这并不是道德正确的。但是，在朱熹看来，好心之人即使带来了坏的结果，也仍然是道德正确的，因为它源自道心。

---

① 王夫之：《船山遗书》第十三册，北京：中国书店，2016年版，第298页。
② 乐爱国认为王夫之主张利义结合，思利害而不悖乎理也，即仁义也。参见乐爱国：《"义而可以利"：王夫之对程朱义利观的发挥》，《湖北大学学报（哲学社会科学版）》，2022年第2期。

王夫之把人心解释为"利乎人，名为人心"，而道心为"发乎道，名为道心"。人心与道心是一组对立的概念，"委之于人，而道心微；临之以道，而人心危。合者以统分，而分者乃夺合者之位，流本统于源，而其源不能保其流之终"①。在人心、道心中，道德正确的关系是道心显而人心安，"今夫道亦至显矣，不但君父得之以为君父，臣子得之以为臣子，且食得之以利其食，色得之以利其色，昭然于天下者，昭然于吾心，而奚其微？其微也，人微之也"②。既有君父之仁慈、臣子之忠孝为道心，又有利其食、利其色的效果，二者"昭然于天下""昭然于吾心"合和而成为道德正确。朱熹主导—顺从结构在王夫之转变为并列结构，人心与道心拥有同等的道德权重。人心侵道心，道心侵人心，都会产生道德错误。道心的道德主导性地位被取消，而强调一种均衡性的结构。这一点对于以道德为尊的理学传统而言是一个致命的打击。理学主张内在心性的纯化论，只要人的心性保持"理"的纯洁性，主宰外在行为，便不会产生道德错误。王夫之则指出，即使心纯是"理"，也无法保证外在行为是道德正确的。与王夫之同时代的另一位哲学家戴震表现得更为激烈，"宋儒乃曰'人欲所蔽'，故不出于欲，则自信无蔽。古今不乏严气正性、嫉恶如仇之恩，是其所是，非其所非；执显然共见之重轻，实不知有时权之而重者于是乎轻，轻者于是乎重。其是非轻重一误，天下受其祸而不可救。岂人欲蔽之也哉？"③

王夫之把何为善的标准放在人心、道心之"合"，而不是道心，原因在于道心也有不善。一个纯是道心之人也可能作出与纯是人心之人同样的恶的行为来。道心为善，这一主张是内在主义的，主体道德与否仅仅是由道心所决定的。一个有道心之人，由道心而行，无论所产生的效果如何，都是善的，即使引起了很严重的后果。朱熹对这个问题的关注不够，而是认为一个有道心之人即使有过错，也不是恶，或者说不会引起多大的恶果来。

---

① 王夫之：《船山遗书》第十三册，北京：中国书店，2016年版，第297-298页。
② 王夫之：《船山遗书》第十三册，北京：中国书店，2016年版，第297页。
③ 戴震：《戴震集》，上海：上海古籍出版社，2009年版，第323页。

四、人心、道心的并列与突变

王夫之人心、道心并列结构是朱熹人心、道心主导—顺从结构的一个合理发展。之所以是合理的，原因在于朱熹始终没有否定人心存在的合理性。但是，既然人心的存在是有合理性的，意味着道心与人心各自有其运作的范围。朱熹对于这个问题缺少关注，主导—顺从结构反而掩盖了这个问题。这点朱熹与王阳明没有区别，所不同的是王阳明认为道心是良知，是根源性的，而人心则是个体之私、物欲障碍所形成的负面心理现象，"人心之得其正者即道心；道心之失其正者即人心：初非有二心也"[1]。王守仁人心、道心说相当于 R_1 & R_2，是一元论。它也包含了朱熹对于人心存在合理性的观点，但是这对于王守仁而言，却是一个困难。道心是良知，是纯善的。主体行为是否是善的，是由内在良知所决定的，那么由良知而行如何可能是不善？像戴震对理学所批判的"终身不寤"，良知如何判别良知所作出的行为是恶的呢？如果是"事后乃明"的，那么就意味着在良知之外仍然有其他的判断标准。这个问题王阳明没有给予关注。

王夫之的并列结构本质上是朱熹人心、道心自身发展的一个结果，它克服了：第一，在主导—顺从结构中，人心存在的合理性的矛盾。人心存在的合理性与主导—顺从结构是不相容的，这点在朱熹本人的话语中已经有了端倪。人心有时被等同于人欲[2]，人欲是一个消极的概念，是一个需要被消除的心理现象。这一倾向在朱子后学发展成"存天理，灭人欲"，人心存在的合理性被彻底消除。第二，由道心而有的行为的道德与否是无法获得判断的。道心是纯善的，由道心而有之行也必然是纯善的。但是，如常言道"好心办坏事"，如果一个主体行为的道德与否是由"好心"所决定的，那么"坏事"仍然也是道德的。这个批评对于朱熹、王守仁哲学都成立，对于后者更为显著，因为王守仁人心、道心的一元论结构比朱熹的二元论结构更缺少辩护的空间。

---

[1] 王守仁：《王阳明全集》，吴光等编校，上海：上海古籍出版社，1992年版，第7页。
[2] 李明辉：《朱子对"道心"、"人心"的诠释》，《湖南大学学报（社会科学版）》，2008年第1期。

王夫之的并列结构实际上在理学系统内提出了一个新的命题：道心也有不善。道心、人心都有不善的可能，则任何一个都是不可信的，因此需要寻找二者的均衡点。也就是，在具体的情况下，由道心或由人心而行，是一个主体权衡的结果。"道心也有不善"是王夫之"道心亦不可信"的合理推论，主体做出某种道德判断、道德行为并非以实现道德规则为目的，而是把道德规则纳入过程中，作为一个权衡项。同时，主体也须有道德规则意识，这种意识是积极地参与进权衡过程中的。这就是王夫之所讲的"昭然于吾心"。

并列结构既重视效果，又重视内心（或者动机），缺少任何一方面都可能会做出错误的判断。由道心产生的行为可能是严重的道德错误，由人心产生的行为也可能是道德正确的。张三是一个不工作的乞丐，日日捡食地上的食物，翻找别人的剩饭充饥，便是道德错误的。张三饿了就食，不思考当不当吃，因此，张三只有人心，而没有道心。道心在这里会向张三提出道德正确的要求，如找份工作，依靠自己的劳动获取生活资料而不是捡地上的食物、翻找别人的剩饭。

李四是一个努力工作的正常人，由于某些原因在某时某地陷入极度饥饿的境地，有一口饭、一碗水便可存活下去，比如深陷沙漠中，困了五天五夜，没有吃喝。此时王五身上有食物，有水，以极度蔑视的态度注视着他，把食物和水往地上一扔，再踩上一脚，说："捡起来，你就可以吃掉。"这个事例从"嗟来之食"改版而来。① 不食嗟来之食是道心，饥而食渴而饮是人心。按照朱熹人心、道心说，不食嗟来之食是道德正确的，李四只能拒绝王五的嗟来之食，而活活饿死。这一结果在理学中会被视为维护人的尊严之举，"饿死事极小，失节事极大"②。但是，这样的道德正确是极为可怕的。一个懒惰的乞丐的日常行为的道德错误，与一个努力工作因意外遭难的正常人的道德错误被看成是等价的。如果道德错误是会被处罚的，那么我们更乐意看到张三被处罚，而不是李四。要求李四放弃自己的生命来维护"人禽之辨"的尊严，这并不

---

① 见《礼记·檀弓》"不食嗟来之食"的典故：齐大饥。黔敖为食于路，以待饿者而食之。有饿者蒙袂辑屦，贸贸然来。黔敖左奉食，右执饮，曰："嗟！来食！"扬其目而视之，曰："予惟不食嗟来之食，以至于斯也！"从而谢焉，终不食而死。曾子闻之，曰："微与！其嗟与，可去，其谢也，可食。"

② 程颢，程颐：《二程集》，王孝鱼点校，北京：中华书局，1981年版，第301页。

恰当，甚至是可怕的。

　　主导—顺从结构没有给予李四接受王五的施舍以辩护的空间，而并列结构则提供了辩护的空间。李四有不食嗟来之食的道心，也有饥而食渴而饮的人心。前者是对道德正确的心理，后者则是对生存之利的心理。保有这两种心，才是道德正确。李四想生存，必须接受王五的食物和水，但他也会觉得接受王五的施舍是对人格的侮辱。李四最后得出的推论实际上包含了两个方面：第一，他接受了王五的施舍，但是他仍然觉得是对他的人格的侮辱。这是与张三不同的，张三没有觉得这是对其人格的侮辱。第二，不食嗟来之食、饥而食渴而饮二者的关系产生了突变。在并列结构中，人心与道心有同等的权重。李四做出了接受的选择，就意味着二者的关系发生了突变，饥而食渴而饮优先于不食嗟来之食。李四也可以做出拒绝的选择，不食嗟来之食优先于饥而食渴而饮。李四拒绝王五的施舍，也会保有生存的欲望，只是此时处于较低权重的地位而已。

　　这种突变是一种主导—顺从结构，不过这种结构不同于朱熹的主导—顺从结构，道心、人心均有可能成为主导，而不仅仅是道心。并列结构包含了主导—顺从结构。如果李四在不食嗟来之食与饥而食渴而饮之间始终保持均衡，那么他无法做出抉择。我们假设任何一个人都会作出抉择，那么在并列结构中便需要包含突变。突变是主体对道心、人心的优先性的确认。优先性获得确认，则会产生主导—顺从结构，从而打破均衡性。李四认同不食嗟来之食的优先性，那么便产生道心为主的主导—顺从结构。无论是从传统，还是从现代道德意义来讲，李四是道德高尚的。李四认同饥而食渴而饮的优先性，则产生人心为主的主导—顺从结构。从传统道德意义来讲，李四是可耻的，但是，从现代道德意义来讲，李四是可获得辩护的，至少他不需要为自己的抉择而遭到道德谴责。在不损害国家、民族的尊严和利益的前提下，苟活并不是什么可耻的事情。

　　并列结构赋予了道心、人心同等的权重，使得二者可以等值地代入权重项。主导—顺从结构则给予其中之一的权重项以优先性，打破并列结构的均衡性而产生突变，王夫之没有提及这种突变。突变是由本文提出的。我们认为并列结构是后起的，包含了主导—顺从结构的内容，这体现了哲学史的发展逻辑。这种包含并非照搬，而是消解了朱熹的主导—顺从结构的形而上学特征。人心、道心包含了均衡性和突变性，为分析主体为何有道德之行、为何无道德之行提供一种分析模型。这也是朱熹人心、道心传统的现代性价值的一个面向。

五、结论

重视行为主体的心理分析是儒家哲学的一个特色，但是，也由于道德理想主义的信念，限制了儒学的解释效力。朱熹、王阳明的人心、道心便是一个例子。人心、道心套上道德理想主义的外壳便产生一种心性的形而上学。这种形而上学主张在众多心理现象中，唯有其中一种才是道德正确的。人心、道心形成了严重的不对称性，人心存在的合理性即使获得了保留，也是极端压缩的，最终演变为被消除的对象。

儒家设想能通过道德纯化而成就圣贤，但是，似乎如下问题从来没有提出：圣贤是不是值得追寻的理想？一个成为圣贤的人是不是可怕的？如果上面问题的答案分别是否定的和肯定的，那么坚持形而上学便不是必要的。冯耀明在《超越内在的迷思》中揭示了一点：道德理想主义的圣贤可能是极为可怕的。[①] 戴震对于时人的描述也揭示了这一点。前者是理论推理式的，后者是历史性的，使我们不得不考虑上述问题。

人心、道心提供了上述问题的答案。传统的人心、道心是形而上学的主导—顺从结构（这里我们加上形而上学，以区别于并列结构中的主导—顺从结构），道心是这一结构的主宰。无论人心的具体诉求是什么，如李四对于生存之渴望，都无法获得体现。这种结构下的人心保有的是虚假的合理性，因为人心不具有权重性。人心只有在不对道心构成威胁的前提下才是合理的。比如李四不接受王五的食物和水，转身接受没有侮辱他的陈六的食物和水，则人心便不对道心构成威胁，因此，接受陈六的食物和水具有合理性。这种实践的权衡无法改变概念的对立关系，人心与道心仍是一组对立性概念。

---

① 冯耀明：《"超越内在"的迷思：从分析哲学观点看当代新儒学》，香港：香港中文大学出版社，2003年版，第249－261页。

并列结构是这个困境的一个解决方案，赋予人心与道心同等的权重，消解形而上学的主导—顺从结构。并列结构把人的心理现象概括为两种类型，这两种类型的心理构成了主体在权衡程序中的权重项。这两种类型的项初始是均衡的，只有被纳入权衡的过程才会产生突变。这种突变是抉择的关键。人心、道心之一被主体赋予优先性，从而拥有了主宰性地位，决定了突变的方向。这种结构源自朱熹的主导—顺从结构，不同的是消除了其中的形而上学形态。并列结构包含主导—顺从结构构成人心、道心的一种新意义，它的目的是为分析主体的心理现象提供一套可行的儒家哲学框架。

比较哲学研究专题

BIJIAO ZHEXUE YANJIU ZHUANTI

儒家应当"保守"什么

——保守主义与自由主义之异同

黄玉顺[*]

欧克肖特（Michael Oakeshott）的政治哲学，本人缺乏专门研究，因此，这里只谈阅读了博士论文《欧克肖特"政治秩序证立"逻辑研究》之后的一些感想。

一

我的感想，主要围绕本人一直关注的保守主义与自由主义的关系问题，因为这个问题不仅关乎西方政治哲学的学术研究，而且关乎中国以及人类世界的政治实践。由此也可以看出博士论文的选题所具有的重大现实意义。

这些年来，当代一些儒家学者引进了"保守主义"（conservatism）这个名号，宣称现当代儒家是所谓"文化保守主义"（cultural conservatism）[①]。在我看来，这种"文化保守主义"尽管具有保守"传统"的共性，却又应当分为两个不同的类型：一类是 20 世纪的现代新儒家，如牟宗三、张君劢和徐复观

---

[*] 作者简介：黄玉顺，山东大学儒学高等研究院教授。

本文是对山东大学博士论文《欧克肖特"政治秩序证立"逻辑研究》的评议意见，作于 2023 年 8 月。

[①] 黄玉顺：《"文化保守主义"评议——与〈原道〉主编陈明之商榷》，《学术界》，2004 年第 5 期，第 142 - 145 页（中国人民大学复印报刊资料《文化研究》2004 年第 12 期转载）；《文化保守主义与现代新儒家》，《读书时报》，2005 年 11 月 30 日（第 48 期）头版；《当前儒学复兴运动与现代新儒家——再评"文化保守主义"》，《学术界》，2006 年第 5 期，第 116 - 119 页。

等，他们追求的是"内圣开出新外王"，这就是说，他们之所以保守儒家的"内圣"传统，是为了开出现代性的"民主与科学"；另一类则是21世纪的所谓"大陆新儒家"，情况比较复杂，其中包括前现代的复古主义、现代性的总体主义（totalitarianism）的倾向。[①]

对于后者，我的判断是：大陆新儒家的所谓"文化保守主义"是基于对西方"保守主义"的某种认知，这种认知如果不是有意的曲解，就是无意之间的误解。

严格来说，西方的"保守主义"这个标签，只适用于英美传统。换言之，他们所保守的并不是自由主义的对立物；质言之，他们所保守的恰恰是某种自由的传统。这种自由传统，如果诉诸社会历史事实，那只能在英国的传统中才可以找到。

由此可见，保守主义和自由主义的区别并不在作为目标的"政治秩序"上，而是在关于如何实现这种目标的"证立"方法上。因此，在我看来，"保守主义"是一个方法论概念。

正因为如此，我本人认为：如果要引进"保守主义"这个标签，将其运用于儒家哲学，那么，所要保守的传统，决不能是秦汉以降的帝制儒学的政治哲学传统，而只能是孔孟儒学的政治哲学传统。为此，我特意写了两篇文章：一篇是《论自由与正义——孔子自由观及其正义论根据》[②]；一篇是《意志自由与社会正义：孟子"可欲之谓善"命题阐释》[③]。

博士论文相当清晰地分析了欧克肖特的政治哲学，其核心问题正是"区分保守主义与自由主义"这个根本问题。博士论文有两个关键词，即"政治秩序"和"证立逻辑"。前者是目标问题，后者是方法问题。博士论文的旨趣正是后者，即作者所说的"应当如何理解并证立政治秩序的问题"。

[①] 黄玉顺：《大陆新儒家当如何"一以贯之"?》，《当代儒学》第7辑，桂林：广西师范大学出版社，2015年版，第206-226页（原题为《〈原道〉和新儒学这二十年——黄玉顺、宋大琦、杨万江三人谈》）；《也论"大陆新儒家"——回应李明辉先生》，《探索与争鸣》，2016年第4期，第49-51页；《大陆新儒家政治哲学的现状与前景》，《衡水学院学报》，2017年第2期，第69-71页。

[②] 黄玉顺：《论自由与正义——孔子自由观及其正义论根据》，《四川大学学报》（哲学社会科学版），2023年第1期，第95-104页（中国人民大学报刊复印资料《中国哲学》，2023年第4期转载）。

[③] 黄玉顺：《意志自由与社会正义：孟子"可欲之谓善"命题阐释》，《江苏社会科学》，2023年第4期，第18-26页。

二

刚才说过：真正的保守主义与自由主义之间的根本区别并不在"政治秩序"的目标，而在"证立"的方法；而且，这里所说的"方法"不仅是理论上的"证成"路径，同时也是实践上的实现路径。欧克肖特亦然，作者也在一定程度上凸显了这一点。

（一）目标问题：政治秩序

就目标而论，欧克肖特的保守主义"政治秩序"与自由主义的政治目标之间并没有根本分歧，而是相当一致的。

欧克肖特1975年出版的《论人类行为》，就是以个体主义、市场经济的"公民社团"（civil association，或译"公民联合"）或曰"道德社团"（moral association），来对峙集体主义、计划经济的"事业社团"（enterprise association），其所表达的其实就是自由主义的个人主义立场。这种政治秩序的构想，是基于霍布斯（Thomas Hobbes）契约论的；而霍布斯正是古典自由主义的先驱（特别是提出并论证自由主义的个人主义原则），尽管哈耶克（Friedrich A. von Hayek）认为霍布斯虽然是英国人，却不应当划归英国流派，而应当划归法国学派（这里涉及两类不同的自由主义传统，即英美自由主义传统和大陆德法自由主义传统）。

正因为如此，关于欧克肖特的思想是否内在一致，学界一直是存在着争议的。其实，欧克肖特的思想虽然不是自由主义（liberalism），却是自由至上主义（libertarianism），主张自由至上（the supremacy of freedom）。他的思想有两个要点：一是财产私有，二是政治分权。这两点，以及上述个人主义，众所周知，其实也是古典自由主义的基本点。

（二）方法问题：证立逻辑

就方法而论，欧克肖特的"证立逻辑"确实不是自由主义的，而是保守主义的。

这是博士论文特别用心的地方。作者指出了经验论与理性主义的观念论（idealism，理想主义）之间的区别，指出后者会导致柏拉图式的"叙拉古之惑"（The confusion of Syracuse）。作者肯定了欧克肖特"认同并持守经验主义的证立思路，同时对当代技术理性宰制下的政治理性主义进行了批判"。这是坚持了英美的经验主义传统，根本上是休谟（David Hume）以来的英国经验主义的怀疑论（skepticism）传统。

当然，经验论与观念论的对置，并不能简单地对应于保守主义与自由主义的对置。事实上，自由主义的思想方法，固然不能归结为观念论，但也不能简单地归结为经验论。例如古典自由主义的"契约"观念，确实与英国的历史"传统"有密切关联，但也不能说完全没有"观念建构"的意味，因为现代性的政治契约其实并不存在于前现代的历史中。这倒恰恰类似博士论文所讲的欧克肖特的折中的保守主义（详后）。

那么，保守主义与自由主义的方法区别究竟何在？在我看来，这其实是一个悬而未决、尚待深入分析的问题。其原因是：不论保守主义，还是自由主义，其光谱都颇为复杂多样，有时很难找到确定的边界。

不仅如此，这种方法上的区别，绝不仅仅是理论问题，而是具有政治实践的实际效应，即不仅是政治理论的方法，同时也是政治实践的方法，即一个社会共同体的现代转型的路径（这里也涉及两类不同的自由主义传统的政治实践效应，即英美自由主义传统和德法自由主义传统的政治实践效应的严重分野）。

三

最终，作者认定并认同：欧克肖特的政治哲学尽管是保守主义的，却是一种独特的保守主义。这是博士论文的主旨所在。作者的问题意识是："抽象的政治理念与具体的政治经验之间是否存在难以跨越的鸿沟？"作者的意图似乎是要弥缝两者的对立，即弥缝观念论与经验论的对立。作者表达了一种调和的倾向，旨在"将一种理想化的政治秩序落实到经验层面"。

但这至少在表述上与作者表达的另外一种立场相悖，即"柏克式的保守主义：政治是在实践中解决具体问题，而非贯彻抽象原则"。然而作者却要"将一种理想化的政治秩序落实到经验层面"，这种表述显然首先承认了"理想化的政治秩序"，然后试图在"经验层面"上"贯彻抽象原则"。

这是因为，在作者看来："从保守主义的视角看，对抽象观念的警惕同时也构成了其自身的弱点：对政治秩序合理性的证立是不充分的。这也是欧克肖特与作为政治家的柏克所不同之处……"言下之意，欧克肖特的立场是另一种保守主义，即在保守传统的同时，接纳观念论的或曰理想化的政治秩序。

这其实是一种折中主义，正如作者所说："欧克肖特的思路较之柏克等人的保守主义观点又有独特之处，他采取的是更为温和折中的态度。"这与欧克肖特的英国新黑格尔主义思想背景有关，即是"黑格尔哲学与英国经验主义经过磨合后的折中平衡的结果"，这里不展开讨论。

但我想说：这种折中的意图，不仅是困难的，而且是危险的。回到开头所说的"现实意义"，作者认为："欧克肖特的方案之现实意义即在于，它使得当今世界诸文明间的关联并不必然依赖于非此即彼的'文明冲突'，而是为文明在对话中的互鉴共识保留了希望，即便这个过程可能充满阻力，但它依然不失为一种关于政治秩序在历史未来发展中的借鉴图示"；"因此，在历史的追溯中，欧克肖特保留了事业社团和道德社团共存的可能，他将二者间矛盾的缓和诉诸一种更为现实主义的妥协精神"。

作者的认知显然就是：在当今现实世界的"文明冲突"中，存在着诸种文明，其中既有着经验论的政治秩序，也有着观念论的政治秩序；它们之间并不必然冲突，倒是可以通过某种折中主义的调和，指引人类未来的政治秩序。

而我的疑惑则是：在当今世界的"文明冲突"中，经验论的政治秩序实际上所指的是什么？观念论的政治秩序所指的又是什么？它们之间是可以折中、应当调和的吗？这种折中调和在事实上可能、在价值上可取吗？

当然，博士论文对此是有所反思的，作者指出："正是因为这种折中式的处理方式，使得其政治观的弱点显露了出来——它使得欧克肖特在任何一种立场上都难以凸显其清晰明确的趋向性。"但作者却又坚持："欧克肖特的方案仍然不失为具有反思纠偏式的现实借鉴意义。"

不过，总体上讲，如果从纯粹的"分析某种学术观点"的角度看，这不失为一篇优秀的博士论文。同时，这篇博士论文对于中国儒家"保守主义"的阐发来说也是具有参考价值的。

现象与物自身的"观法之切转"

——在牟宗三与康德"之间"

杨 虎[*]

【摘要】 虽然牟宗三对现象与物自身的疏解带有特定的哲学转进意识,但是并没有违背"物自身不可知"的基本原则。无论是在牟宗三还是康德语境中,"物自身"都并非特指超验理念或形而上本体,而可以指涉具体存在物;在此前提下,牟宗三使用"价值意味"疏解"物自身"之意义,就其非认知性地面向事物的广泛意义而言具有可理解性。我们可以在牟宗三与康德之间找寻更加一般性的理解:现象与物自身的区分是就面向同一事物的二重向度,而不是就两种事物而言。这种一般性视域的不同表现形态在于,在牟宗三是把这二重向度统摄于主体性的两个层级,在康德则是逻辑地赋予事物与认知主体。牟宗三哲学进一步从道德价值的创造言说"物自身"的意义,其间一些思想理路或可商榷,尽管如此,可以从中引发事情的不同观法、领悟样式,作为广义存在领悟的"观"不必限定为主体动作,而可以包含前主体性与主体性的层级,由此"相"与"无相"的切转才是究竟的。

【关键词】 现象;物自身;牟宗三;康德;观法之切转

---

[*] 作者简介:杨虎,哲学博士,兰州大学哲学社会学院副教授。

牟宗三先生对康德哲学"现象"① 与"物自身"的疏解引起了广泛关注，其中尤以"物自身不是事实概念，而是价值意味的概念"这一观点最为突出。关于这一问题，目前学界有三种判疏。第一种意见认为牟宗三先生对康德哲学的理解有误。例如，杨泽波认为康德的"物自身"概念包括质料之源、真如之相和先验理念这三层含义，并且对三者之间的联系与区别做了系统解释，由此得出结论：物自身既有价值意味也有事实意味，牟宗三先生的疏解属于以偏概全。② 邓晓芒认为，牟宗三先生关于"物自身"概念的理解偏离了康德哲学原意。③ 第二种意见认为牟宗三哲学转化了康德哲学关于"物自身"的思想逻辑。例如，盛珂做了非常细致的考察："康德表述'物自身'的逻辑是由知性推出'物自身'，并在此基础上提出智的直觉；而牟宗三则是由'真我'推出智的直觉，并且由智的直觉论证'物自身'的存在。牟宗三更进一步的直接把'物自身'表述为'价值意味'的存在，成为知体明觉之用。"④ 第三种意见认为牟宗三先生的疏解不但没有违背康德哲学，而且是一种究竟的解释。例如，李明辉认为康德已然表明了"物自身"就是价值意味的概念，这是其"了义"。⑤ 这些不同的判疏，展示了其间多样的视域。在比较诠释中，考察其相同之处和差异方面不无重要，引发一般性的视域更是题中深义。如果我们能够找寻一种更加一般性的理解，那么它可以被看作二者"之间"的可能视域，这同时也是本文借以切入事物的方式，因此本文将着眼于广泛意义的表述语境。

一、认知关系与非认知性面向

牟宗三先生疏解"物自身"意义的基本方法是知识与价值的划分，具体

---

① 本文使用"现象"是广义地就事物与主体之关系而言，在一些语境中不对显像与现象（现象与现相）做特别区分。

② 杨泽波：《康德的物自身不是一个事实的概念吗？——牟宗三关于康德物自身概念之诠释质疑》，《云南大学学报》（社会科学版），2008年第3期。

③ 邓晓芒：《牟宗三对康德之误读举要（之三）——关于"物自身"》，《学习与探索》，2006年第6期。

④ 盛珂：《牟宗三对康德"物自身"概念的接受与转化》，《中国儒学》，2020年总第15辑。

⑤ 李明辉：《康德的"物自身"概念何以有价值意涵？——为牟宗三的诠释进一解》，《云南大学学报》（社会科学版），2018年第2期。

指向知识与道德。牟宗三先生认为价值优先于知识:"人生而在'存在'中,在行动中。在'存在的行动'中,人亦必同时与其周遭的世界相接触,因而亦必有见闻之知。这是一个起码的事实。但人所首先最关心的是他自己的德行、自己的人品,因为行动更有笼罩性与综纲性。行动包摄知识于其中而为其自身一附属品。"① 姑且不论这一前提是否需要先行的分析,这段论述不仅体现了价值优先于知识的理念,而且体现了价值的决定地位之思想方向,因为优先未必意味着一件事情决定着另一件事情,而当我们说价值行动可以"包摄知识于其中而为其自身一附属品"时却意味着价值的决定地位。道德价值的创造是牟宗三哲学所追寻的"现实理念"或者说"理念的实现",由此不难理解其"道德的形上学"从道德意识展露道德实体,并视之为形而上的本体,则现实的存在物在道德价值的创造中呈现,即所谓"物自身""物之在其自己"。知识则是主体在道德价值创造中附带的事情,不是直接出于自我行动同一性的事情,因此才需要某种曲折、坎陷,就知识的可能对象而言,仍是这作为同一存在物的现实存在物,只不过由于主体层级的坎陷而有其不同意义。牟宗三先生带着这种哲学意识,以作为价值根源的道德实体为基础观念,建构了"两层存有论",由此,他顺理成章地,至少在他自己的思想过程中,使用了"事实"与"价值"对"物自身"概念进行疏解:"康德所说的物自身自应是一个价值意味底概念,而不是一个事实底概念。"② 如果说,这种观点被看作对康德的误解;那么,我们对此有两种可能的观察,一是这种观点确实在思想层面上对康德的理解有误,一是语词表述带来了歧义性,而实际上并未违背康德的基本原则。我们可以把这两种可能的观察作为一种提示,重新审视相关语境。

总体而言,知识与价值也是康德哲学处理的基本问题,是人类现代哲学面向"科学的危机"和"人性的危机"问题。在牟宗三哲学之前,20世纪中国哲学的"科玄论战"也属于这个思想历程,尽管中西哲学的思想道路或有不同,但于此可见人类思想生命的共通性。一般地说,前者指向"维护科学"的任务,后者指向"拯救人性"的任务,关于二者之间的关联,康德说:"我

---

① 牟宗三:《现象与物自身》,台北:联经出版事业股份有限公司,2003年版,第21页。
② 牟宗三:《现象与物自身》,第14页。

不得不悬置知识，以便给信仰腾出位置。"① 这也在一定程度上体现出价值优先于知识的意味，但二者在康德哲学中的关系结构并不是像在牟宗三哲学中那样的两层存有论架构，也正因此，牟宗三先生认为康德没有证成"道德的形上学"。虽然二者在理论构造上不尽相同，但是对他们来说，现象与物自身的区分都具有决定性。

在康德哲学，现象与物自身的区分既是为了给人类理性的实践运用留下地盘，也是为了给人类理性的理论运用打下牢固的地基。人类知识的对象是现象，物自身不可知，这是第一原则。就其作为根本的方法原则而言，尽管在康德哲学中，现象与物自身的区分可以有其不同的表现形态，比如在"先验感性论"中显像（appearances）与物自身（things in themselves）的区分，在"先验分析论"中现象（phenomena）与本体（noumenon）的区分，但物自身不可知是一以贯之的原则。假如人类所知的不是按照能知的方式被给予的现象，而是与主体无关的物自身，那么赢获有效知识的途径就是认识去符合它的对象，但主体对此不具有先天的可能性，这样反倒把知识的可能对象置于不可知的界域了，现象则意味着它是通过主体的先天条件建立起来的经验对象，从而保证了先天综合知识的可能对象。显然，现象与物自身是一组对表、互诠的范畴。

由物自身不可知的原则可以分析出，它首先是一个界限概念，康德反复强调我们只能对此做出消极性运用。当我们说到界限时，意味着物自身是对理性的理论运用而言的界限，也就是说，它指明了感性和知性的限度，对于感性来说，物自身不可直观，对于知性而言，本体不可知。康德说："我们的一切知识都从经验开始，这是没有任何怀疑的；因为，如果不是通过对象激动我们的感官，一则由它自己引起表象，一则使我们的知性活动运作起来，对这些表象加以比较，把它们联结或分开，这样把感性印象的原始素材加工成称之为经验的对象知识，那么知识能力又该由什么来唤起活动呢？"② 知识有其经验来源意味着首先要有感性直观的参与，在这里，与感性直观发生直接关系的是现象

---

① ［德］康德：《纯粹理性批判》，邓晓芒译，杨祖陶校，北京：人民出版社，2010版，第二版序第22页。

② ［德］康德：《纯粹理性批判》，邓晓芒译，杨祖陶校，第1页。

还是物自身呢？牟宗三先生疏解"物自身"概念时，提出了一个质疑："说我们所知的自然界中的对象物与上帝、不灭的灵魂以及意志底自由有别，这是显明的；但若说我们所知的这个自然界中的对象物只是这个对象物之现象，而不是这对象物之在其自己，进而复说这物之在其自己不能作为我们认知之对象，只现象始可作对象，这便不那么显明。"① 当康德宣称为信仰保留地盘时，他心中念念不忘的是上帝、自由、不朽的超验理念，而当康德说我们被"对象"刺激获得表象时，物自身又被预定为现象的质料来源，康德又说物自身的自在性状不可知。让我们连同牟宗三先生的说法一起来看，如果说，物自身是现象的质料来源；那么，这似乎意味着感性与物自身发生了某种"关系"，但究竟能否说成是直接的关系还是悬而未决的。康德说："通过我们被对象所刺激的方式来获得表象的这种能力（接受能力），就叫做感性。"② 这里的"对象"表述的是感性之外所对的事物，否则刺激和接受的动作就是空洞的，正如张志伟所说："这里所说的'对象'应该是物自体"③，虽然物自身不是我们的经验对象，但是经验性直观的杂多表象作为显像，需要预定某种显现着的事物："我们正是对于也是作为自在之物本身的这同一些对象，哪怕不能认识，至少还必须能够思维。因为，否则的话，就会推导出荒谬的命题：没有某种显现着的东西却有现象。"④ 然而，物自身只能停留在思的层面，却不能实际进入直观之中："我们的一切直观无非是关于现象的表象；我们所直观的不是自在之物本身，我们既不是为了自在之物而直观这些事物，它们的关系也不是自在地本身具有如同它们向我们显现出来的那种性状。"⑤ 由此可以说，一方面直观的杂多表象需要预定质料来源，一方面直观所直接发生关系的又不是物自身。一种直接的理解方式是，虽然物自身不可知，但正如康德所说毕竟可以思维，它被设定为显像的质料来源，由于我们的感性直观具有先天的时空形式，感性的接受性必定是在主体的直观形式中发生，所以是直观的而不是物自身的自在

---

① 牟宗三：《现象与物自身》，第2-3页。
② [德]康德：《纯粹理性批判》，邓晓芒译，杨祖陶校，第25页。
③ 张志伟：《〈纯粹理性批判〉中的本体概念》，《中山大学学报》（社会科学版），2005年第6期。
④ [德]康德：《纯粹理性批判》，邓晓芒译，杨祖陶校，第二版序第20页。
⑤ [德]康德：《纯粹理性批判》，邓晓芒译，杨祖陶校，第42页。

性状。

　　显然，现象与物自身的区分是由知性做出的设定，因为某种被给予的性状是否为物自身的自在性状，这在感性的接受性中是不能决定的。诚然，在我们的思维中，"自在"这个语词本身就表明了它的非关系性，即没有与主体发生关系，但在显现着的事物和显像的语境中，至少物自身与现象之间不能说没有"关系"，也就是说，知性在思二者区分的同时，也思了二者的联结关系。牟宗三先生认为假如物自身是指一物之"事实上的原样"即康德所说的"自在性状"而言，那么"（1）它是一个事实概念，（2）我们总可求接近之。如是，我们的知识之不能达到它乃是一个程度问题，而不是一超越问题"①。既然物自身与现象具有联结关系，而且不能是空洞的，那么说这里可能存在着感性接受以及整体认知的"程度"问题，它与决定性的先验区分是不同意义的，尽管我们可以从康德语境出发对此做出某种解释，但这一质疑的思想过程并非全无意义。就感性问题而言，康德说："即使我们能够把我们的这一直观提升到最高程度的清晰性，我们也不能借此而进一步知悉自在对象本身的性状。因为我们在一切情况下所可能完全认识的毕竟只是我们直观的方式，即我们的感性，并且永远只是在本源地依赖于主体的空间时间条件下来认识它的。"② 但凡我们说到"直观"已然表明了感性在先天直观形式中对于现象而非物自身的关系，现象与物自身的区分作为一种"先验区分"，不管我们的感性如何伸展，它都不能直观物自身的自在性状。

　　康德说现象与物自身的区分不能是经验性的，因为在经验性的区分中，所谓的"物自身"其实是已然进入认知关系中的"现象"。针对康德关于先验区分与经验性区分的解释，牟宗三先生认为康德没有证成先验区分，他的疏解带有强烈的哲学转进意识，把物自身转进理解为无限心之用，以证成"无执"层的体用论、说明道德价值创造的现实性。牟宗三先生说："同一物也，对有限心而言为现象，对无限心而言为物自身，这是很有意义的一个观念，可是康德不能充分证成之。"③ 我们不讨论康德哲学是不是想要证成、有没有证成这

---

① 牟宗三：《现象与物自身》，第7页。
② ［德］康德：《纯粹理性批判》，邓晓芒译，杨祖陶校，第42-43页。
③ 牟宗三：《现象与物自身》，第16页。

一思想进路，这里表明了：牟宗三先生说物自身是价值意味的概念，他的意思是，在无限心的主体性层级，事物不是作为认知对象被给予，而是非认知性地呈现。反过来说，面向"物自身"意味着不以认知的态度和方式面向事物，就此所指明的广泛意义而言，"价值意味"具有可理解性。然而，当牟宗三先生进一步把物自身的意义归之于道德价值的创造，确实加深了其间的对立感。仅就不以认知的态度和方式面向事物，就其不同于认知关系的非认知性面向而言"物自身"的意义，牟宗三先生的疏解并没有问题；这是因为，尽管在康德哲学知识领域的指向中需要预定物自身，但它并不处于认知关系中。至于说，就此而言的"物自身"之广泛意义，是否像牟宗三先生所说的那样属于道德价值的创造，当然是可以商榷的。

二、面向同一事物的二重向度

我们进一步厘定这一广泛意义，现象与物自身可以是就面向同一事物的二重向度而言。在这一表述中，我们并不从"事物本身具有二重性""事物本身具有两面性"（尽管康德有过类似的表述）的意义来说，我们对事物本身有多少面、有多重性不做断定。在此，笔者愿意直白地承认，这不是取决于事物，而是取决于"面向"，至于这一表述是否属于把物自身纳入主体视角的情况，这里暂且不表。这种理解方式不仅在牟宗三哲学，在康德哲学也是可能的。

关于这一点，一些学者表达过类似、相通的意思。例如，韩水法指出："现象和物自身的区别只在于先验反思对同一对象思考的不同，现象是指处于主体认识关系之中亦即为我们所直接经验认识到的对象，而物自身则是从除却所有认识关系而被考虑的对象自身，因而我们经常看到用对象自身这个名词来指示物自身所代表的东西。"[1] 这一解释符合康德关于人类有限性在认知层面之表现的看法。刘作认为："实际上把现象和物自身当作不同的实体是对康德的一种误解，如果这样理解，康德后面很多相应的理论就无法解释了"，"现象和物自身的区分只是人的理性能力在认识过程中对事物的'两个方面'的

---

[1] 韩水法：《康德理论哲学范围内物自身概念分析》，《北京大学学报》（哲学社会科学版），1991年第1期。

理解"。① 程志华、林青认为："'物自身'与'现象'的区分并非意指真正存在'对立'的二者，而是说由于认知主体的能力限制而引发认识层面的区分。"② 笔者也认为："在对同一存在物的不同'观法'下，可以'现象'观之，也可以'物之在其自己'观之。"③ 一些国外学者也有类似的观察，例如，韩水法征引了普劳斯的考察："Ding an sich（物自身）实际上是 Ding an sich selbst betrachet（从物自身来考察）"④，这是说从"物自身"的意义来考察同一事物。刘作征引了《纯粹理性批判》英译者贝克的考察："Ding an sich 在第二批判中只使用了一次，他经常是 Ding an sich sebst 的说话的方式，后者说话方式是副词而不是形容词，含蓄表达'事物从本身来看'。"⑤ 这与牟宗三先生把物自身译注为"物之在其自己"是相通的观察视角，例如，《纯粹理性批判》第二版序中的一段话，牟宗三先生翻译为"对象是依两层意义而被理解，即被理解为现象以及被理解为物自身〔物之在其自己〕"⑥，这显然与其思想诠解相应。撇开其中诸如"认识过程""认识层面"等表述可能引起的，似乎物自身也可以归入认知关系的印象不论，这些观点表达了大体相同的意思，即现象与物自身是就同一事物而言。

这不仅在康德是有理论根据和思想可能的，而且具有一般性视域的意义。康德说："我们正是对于也是作为自在之物本身的这同一些对象，哪怕不能认识，至少还必须能够思维。因为，否则的话，就会推导出荒谬的命题：没有某种显现着的东西却有现象。现在让我们假定，由于我们的批判而成为必要的这一区别，即作为经验对象的物与作为自在之物本身的同一些物的区别……我们从两种不同的意义来设想对象，也就是或者设想为现象，或者设想为自在之物

---

① 刘作：《康德的"物自身"概念》，《兰州学刊》，2011年第12期。
② 程志华、林青：《"物自身"何以可能——牟宗三对"现象"与"物自身"的区分的"稳定"》，《湖北大学学报》（哲学社会科学版），2018年第3期。
③ 杨虎：《现代新儒家的现代性哲学建构》，崔罡、黄玉顺主编：《儒学现代化史纲要》，济南：齐鲁书社，2022年版，第280页。
④ 韩水法：《康德理论哲学范围内物自身概念分析》，《北京大学学报》（哲学社会科学版），1991年第1期。
⑤ 刘作：《康德的"物自身"概念》，《兰州学刊》，2011年第12期。
⑥ ［德］康德：《纯粹理性之批判》（上），牟宗三译注，台北：联经出版事业股份有限公司，2003年版，第31页。

本身……"① 我们注意康德的说法，作为自在之物的乃是"这同一些对象"，当我们对此做出区分时，实际上是就其不同的意义而言，"也就是或者设想为现象，或者设想为自在之物本身"。当然，从行文的语境可以看出，康德做出这些表述的时候，他最关切的是上帝、自由、不朽这种意义上的"物自身"。康德以自由问题为例，就人的意志生命而言，我们可以从现象与物自身两种意义设想，一方面它作为现象服从自然法则，一方面作为物自身并不需要服从自然法则，二者并不矛盾，只要在物自身的意义上我们"思"自由时并没有"知"自由，因而不会产生矛盾的表象。这就需要设定物自身的不可知，否则，当知性对自由做出理论运用时，就把自由作为可能经验的对象，自由就要让位于自然法则，由此便产生了矛盾的表象。我在物自身的层面"思"自由时没有矛盾的表象，并不需要进一步去"知"，则我的意志生命的实践运用就是可能的。康德通过现象与物自身的区分，双向肯定了人类理性的两种运用方式，从两种意义到两种运用，这是康德说从现象与物自身这两种意义来看同一事物的一种语境。由此便引出其间的转进问题，比如，李明辉说："将'物自身'（或'知性世界'）视为一个开启道德世界的实践观点，这是康德的'物自身'概念之'了义'。"② 他认为物自身的究竟意义在于指向了道德实践领域。

实际上，就通常所说的事物而言，同样能够从现象与物自身这二重向度观之，也因此显证了它的一般性意义。康德说："现象任何时候都有两方面，一方面是从自在的客体来看（撇开直观到它的方式，但正因此它的性状总是悬拟着的），另方面是着眼于该对象的直观形式，这个形式必须不是在自在的对象本身中、而是在对象向之显现的主体中寻求，但仍要现实地和必然地归之于该对象的现象。"③ 这里蕴含了两层意思，一层意思是坚持物自身作为质料来源的预定意义，因此他强调现象是"现实地和必然地归之于该对象的现象"；另一层意思是就同一事物而言，既可以就其自在的一面看，也可以就其作为现

---

① [德]康德：《纯粹理性批判》，邓晓芒译，杨祖陶校，第二版序第20-21页。
② 李明辉：《康德的"物自身"概念何以有价值意涵？——为牟宗三的诠释进一解》，《云南大学学报》（社会科学版），2018年第2期。
③ [德]康德：《纯粹理性批判》，邓晓芒译，杨祖陶校，第40页。

象的一面看，因为感性接受表象的直观形式不属于物自身而属于主体。牟宗三先生对现象与物自身的区分，是就其与主体不同层级的关系模式而言，对于无执心而言，则对于这一事物不发生认知关系，不以认知态度和方式面对这一事物，此事物即"物之在其自己"；而在识心的执取中，这一事物成为认知的对象，此事物即"现象"。显然，这也是一种面向同一事物的二重向度。康德的论述只是强调物自身与认知主体的非关系性，并没有断定某种可以直观物自身的主体性层级，牟宗三先生的论述则把现象与物自身统摄在主体性的不同层级，他认为在"智的直觉"中，这同一事物作为"物之在其自己"呈现。

现在让我们回过头来看，就同一事物而言，一方面，物自身"独立于感性"而又通过感性直观的表象指明了与现象的关联；另一方面，当我们说到现象时也表明了它与主体的关联，现象"在我们的表象方式之外，不能是任何东西"[①]。为了保证物自身一方面作为现象的质料来源，一方面又不与感性直观发生直接关系，最终要在面向同一事物的二重向度的语境中来理解。当然，这种一般性视域在牟宗三哲学和康德哲学有其不同的表现形态。在康德哲学中，这二重向度被逻辑地赋予事物与认知主体；而在牟宗三哲学中，这二重向度不是被逻辑地赋予事物，而是决定于主体性的不同层级，是就不同层级的主体活动而说这同一事物是"现象"还是"物自身"的意义。

三、事情的领悟样式之切转

在此基础上，牟宗三哲学与康德哲学关于现象与物自身的区分，都可以统摄在广义的两向领悟或观法（康德用"设想""考察"）之中。牟宗三先生说："至少我们消极地知道所谓'物自身'就是'对于主体没有任何关系'，而回归于其自己，此即是'在其自己'。物物都可以是'在其自己'，此即名曰'物自身'，而当其与主体发生关系，而显现到我的主体上，此即名曰'现象'。现象才是知识底对象，所谓'对象'就是对着某某而呈现于某某，对着主体而呈现于主体。……这同一物之另一面相就是不与主体发生关系而回归于

---

① [德]康德：《纯粹理性批判》，邓晓芒译，杨祖陶校，第229页。

其自己,而那另一面相便是对着主体而现。物自身不是通常所说的形而上的实体(reality),如上帝,如自由意志,如梵天,如心体、性体、良知等等,乃是任何物在两面观中回归于其自己的一面。"① 物自身的意义即事物不与认知主体发生关系,尽管牟宗三先生同时肯定了在另一个主体层级亦即无限心中物自身的呈现,比如他常说良知明觉中呈现之物即"物之在其自己",这里固然存在着思想的转进,但是并没有违背"物自身不可知"的基本原则。此外,牟宗三先生也没有混淆指向具体存在物的物自身与超验理念或形而上本体,通常意义上的物自身只是说不以认知态度和方式面对此事物,故此事物即"物之在其自己"。我们需要注意,无论是在康德哲学还是牟宗三哲学的语境中,物自身都并不特指超验理念或心性本体,由此才能保证,当认知主体面向同一事物之现象意义时,这"同一事物"确实指向了具体的存在物,则直观的杂多表象才是可能的,它有经验来源而不是空的观念。

尽管笔者并不完全赞同牟宗三哲学的思想理路,这或许是因为确实可以有不同的道路,又或许是由于笔者的领悟力不足所致,但是就一般性的思想视域而言,这里还是要明确表达,牟宗三先生关于现象与物自身的疏解非常有意义。笔者曾把牟宗三哲学中"现象"与"物自身"的意义关系表述为"切转"②,意谓面向同一事物之不同"观法"(领悟样式),而非面向不同的事物。笔者最初使用"观法之切转"③ 的语境是在比较阐释海德格尔"存在论区分"时提出的,意在显示一种非实体化的运作机制,而是广义存在领悟的层级和显现样式的切转机制。就现象与物自身所可能引发的一般性视域而言,积极地说,它指向了不同的领悟样式,人对于生活、事情、世界,凡此种种,可以有其不同的领悟样式,在这个意义上,我们把问题归结为一般性的领悟样式之切转。

这里所说的观,就其领悟意蕴而言,并不一定是在说主体的不同态度和方式,假如主体性预设在此具有决定性,那么我们所谓的领悟样式或观则属于主

---

① 牟宗三:《智的直觉与中国哲学》,台北:联经出版事业股份有限公司,2003年版,第136页。
② 杨虎:《论易学哲学的现代转型》,《中州学刊》,2017年第8期。
③ 杨虎:《从无生性原在到有死性此在——重读海德格尔的"存在论区分"》,《河北学刊》,2015年第4期。

体的不同层级,这正是笔者并不完全赞同的,牟宗三哲学把现象与物自身收摄在主体不同层级的思路。甚至,尽管康德没有明确断定另一主体层级,但正如海德格尔所说:"在康德的奠基活动中发生了什么?……对人类主体之主体性的一种揭示。对形而上学之本质进行发问,就是去发问人的'心灵'之基本能力的统一性问题。"① 海德格尔认为康德没有对主体性进行先行的存在论奠基,他通过生存的"形式显示"道路为主体性奠基,蕴含了前主体性的领悟样式之可能,我们并不是一上来就以主客化、对象化的打量方式面向这个世界。在海德格尔后期思想中,更有关于"物"或物性自身的存在境域分析。这说明,一种广义的领悟样式之切转是可能的,反过来也有助于理解"观"并不限定于主体层级,而可以包含前主体性与主体性的层级。②

当牟宗三哲学就其非认知性指向地言说物自身的意义没有问题,但说其为道德价值的创造则是又进一层的问题。牟宗三先生认为道德价值的创造即存在论的创造,对此,杨泽波认为:"道德之心创生的存有,虽无须认知之心的形式与范畴,但并不真的与之毫无关系,因此其仍然属于现相的范畴,而绝非物自身。因道德之心关乎善,这种特殊的现相可被称为'善相'。"③ 这一评论不无道理。更进一步言之,在形式上分属两层的现象与物自身,由于在主体层级上对道德位置的摆放未必恰当,而可能造成存在论奠基的失效。我们前面提到了,牟宗三哲学把道德与知识统摄于主体的两个层级,其间的运作机制是"良知坎陷",以此说明道德为知识及其标明的形式架构奠基的两层存有论,可能面临着"'伦理学的本体论'如何可能"④的问题,以及由此带来的坎陷之层位错置的问题。这些都与把领悟样式或观法之切转限定在主体性的层级中,还是有其前主体性视域相关。一般性地说,"相"与"无相"的切转在后一种语境中才是究竟的,而它反倒不是牟宗三哲学所期许的道德实体论语境,我们与其把超越知识与价值之紧张的方式归于主体的两个层级,毋宁把二者奠

---

① [德]海德格尔:《康德与形而上学疑难》,王庆节译,上海:上海译文出版社,2011年版,第195页。
② 杨虎:《论"观法之切转"》,《当代儒学》,2022年第2期。
③ 杨泽波:《智的直觉与善相——牟宗三道德存有论及其对西方哲学的贡献》,《中国社会科学》,2013年第6期。
④ 黄玉顺:《"伦理学的本体论"如何可能?——牟宗三"道德的形上学"批判》,《面向生活本身的儒学——黄玉顺"生活儒学"自选集》,成都:四川大学出版社,2006年版,第354页。

基于前主体性的存在境域。比如，我们说面向"厉与西施"，认知的差异和价值的分判是一领悟、一观法，"道通为一"又是一领悟、一观法，存在论层级的道通为一乃是对事情本身之观，这是前主体性的存在观法，无相之境如何是特定的道德价值呈现呢？凡此种种，其间的思想理路未必没有可商榷之处。

总之，关于现象与物自身的区分，牟宗三哲学没有违背康德哲学"物自身不可知"的基本原则。尽管其后续的思想理路存在差异，但在二者"之间"引发一般性的视域是可能的，本文的论述暂落脚于此。

超越视角下王阳明良知观与康德道德观念之比较

白义洋[*]

【摘要】 王阳明的良知观与康德的道德观念具有一定的对应性，两者都可以用"现象学还原"方法进行分析，即"悬隔—还原"。具体而言，两者都是先悬搁外在"超越物"，突出良知与理性的超越本体地位，并将理性对感性的超越置于内在，即以"内在超越"的模式实现了理性的价值，回答了人之为人的本质所在，并在道德实践的过程中连接了现实性。

【关键词】 王阳明；康德；良知；道德形而上学；本体论

"超越"概念作为哲学界可能性的存在，在不同的历史时期具有不同的显现形式，在中西哲学中的含义也不尽相同，然而对"超越"的追求始终体现着人类追求形而上学的执着冲动。人类作为形下存在者不断追求上位概念，一方面是为了给万事万物提供一个终极性根据，另一方面，同样作为宇宙间万事万物之一员，是想要摆脱作为自然存在者受到自然法则的约束而找到一个人类存在的终极性价值。前者在回答"我可以认识什么"的问题，后者在回答"我应该期待什么"的问题，这两点被康德概括为"头顶的星空"与"心中的道德律"。

自柏拉图的理念论与亚里士多德的实体观提出后，西方的形上学无论以何种方式呈现都不离实体的内涵，即作为认识论意义上万事万物的根据，这样的

---

[*] 作者简介：白义洋，山东大学儒学高等研究院中国哲学研究生，研究方向为儒家哲学。

思维模式会逐渐导致价值维度的缺失，往往难以回答"人应该做什么"的价值问题，也让形上学离我们越来越远。基于此，康德通过"哥白尼革命"重新提出以"道德形而上学"取代"自然形而上学"，张扬了人作为有限的理性存在者的崇高地位，被看作人本主义发展的高潮。阳明心学虽然不能与康德的道德形上学完全契合，却也在纠偏"程朱理学"的封闭性与异己性时重提人的价值，通过以良知解释天理，天理即良知，既保证了良知的普遍本质又保证了良知的内在理性，并以"致良知"下落到道德实践的过程敞开了个体性的可能，充分展现了对人的尊重。

一、共同的内在超越进路

超越的概念具有多种含义，学界对此的讨论也莫衷一是，尤其是在人类不断追求形上学的历史中，更是演化出了不同形式的超越实体。黄玉顺教授对此进行了梳理，并以"内在超越"与"外在超越"的模式进行了区分："所谓'外在超越'是说，外在于人的天是超凡的，即超出凡俗世界；而所谓'内在超越'则是说，内在于人的理性或心性是超验的，即超出感性经验。"[1] 两种超越模式的区分主要在于对主体的厘清，"超凡"即"外在超越"主体是外在于人的天或帝，超越的是包括人的整个凡俗世界，在中国哲学中多以天人关系的模式出现；"超验"即"内在超越"主体是内在于人的理性，超越的是内在于人的经验，在中国哲学中宋明理学就属于经典的"内在超越"范式，以先验哲学为进路的康德哲学亦属于"内在超越"范式。

这又涉及中国古代哲学的历史中天的内在化这一发展过程，即孔孟荀时期的天人关系仍是外在超越的模式。孔子的天人观念为："天生德于予"[2]、"天之未丧斯文"[3]、"天丧予"，都将天视为一个外在的主宰，并始终存有敬畏之心。孟子对天的态度是"修身以俟之"[4]、"尽其心者，知其性也。知其性，则

---

[1] 黄玉顺：《"事天"还是"僭天"——儒家超越观念的两种范式》，《南京大学学报（哲学·人文科学·社会科学）》，2021年第5期。

[2] （梁）皇侃：《论语义疏》，北京：中华书局，2013年版，第171页。

[3] （梁）皇侃：《论语义疏》，第211页。

[4] （清）焦循：《孟子正义》，北京：中华书局，1987年版，第878页。

知天矣"①，是一种事天的态度，仍然是一种超凡意义上的超越天。荀子讲："不为尧存，不为桀亡"②，这里的天显然也不是内在于人，而"制天命而用之"③也是讲顺应天命。可见，先秦的天是一种外在于人的形上主宰。到了宋明理学因为思辨理性的发展，外在的超凡的天开始内化为超验的性，有学者就曾指出："宋明儒学的发展基本上是向内在化方面走。"④ 程颐讲，"性即理也"，"理也，性也，命也，三者未尝有异"。⑤ 朱熹讲，"天之所以为天者，理而已"⑥，"天即理也"⑦。这并不是程朱关于天的思想的全部呈现，但都代表了其思想中以内在的理性超越感性的思维模式，即体现了内在超越的维度。到了陆王心学，内在超越的维度便更加明确了，陆九渊常说的"宇宙即是吾心，吾心即是宇宙"直接销理入心。阳明一边讲心即天，"心也，性也，天也，一也"⑧；一边讲天理即是良知，"夫心之本体，即天理也；天理之昭明灵觉，所谓良知也"⑨。如果说程朱理学的理仍然是超凡之天与超验之天的结合，那么在阳明为纠理学对个体的禁锢与束缚之偏已经不再致力于讨论外在的超凡之天的维度，他重提良知以区别于天理就是为了在人的意识中架构起一种新的意义世界，此良知作为超越的实体仍具备理性的普遍性但克服了理学的封闭性。

在西方，从外在超越到内在超越的转变开始于近代的"认识论转向"，以康德哲学为分水岭："以后的哲学，不管是有神的还是无神的，都开始在人的主体内寻找超越的根据。"⑩ 康德通过"哥白尼革命"给现象与物自体进行了划界，即人只可以经验现象而无法认识真正的物自体世界，其意义体现在限制了科学的思维方式的使用为道德形上学提供了可能，因为以时间、空间的感性直观形式只能得到有限的物理学知识和数学知识，所以人类对形上学的追求或人区别于万物的特质必定不在于此。这样，纯粹理性才可能通过人的道德活动

---

① （清）焦循：《孟子正义》，第877页。
② （清）王先谦：《荀子集解》，北京：中华书局，1988年版，第307页。
③ （清）王先谦：《荀子集解》，第317页。
④ 郑家栋：《从"内在超越"说起》，《哲学动态》，1998年第2期。
⑤ 程颢，程颐：《二程集》，北京：中华书局，2004年版，第274页。
⑥ （宋）黎靖德编：《朱子语类》，北京：中华书局，1986年版，第621页。
⑦ （宋）黎靖德编：《朱子语类》，第622页。
⑧ （明）王守仁：《王文成公全书》，北京：中华书局，2015年版，第107页。
⑨ （明）王守仁：《王文成公全书》，第230页。
⑩ 耿开君：《"超越"问题："内在"与"外在"》，《中国哲学史》，1998年第1期。

实现对经验的超越通达对自由、上帝和不朽的向往，人才能作为有限的理性存在者超越自身作为自然存在者的一面，纯粹理性当然也属于内在超越。

二、比较研究之可能

某种程度上，阳明与康德都可视为人本主义发展的最高峰，他们的思想有很多可比较之处。第一点，他们对以前哲学的贡献表现为：在进行哲学诠释前，先对其哲学思考得以可能的地基进行了反思，不约而同选择了首先对外在超越物进行"悬搁判断"。康德认为对我们认识论意义上获得的知识都是经验现象而来的，受到了人的感性直观形式的加工，由此得到的质料又经过知性范畴的统合，经过人的先天认识形式对物自体的加工得到的知识一定不是物自体的真实面向，故而在科学的思维方式中寻找人的形上学奠基注定无疾而终，甚至背道而驰。阳明主张"意之所在即是物"[①]的意向结构生成过程，重新深化了物在人的意识中是如何可能的这一重要命题，之所以要回到人的意识结构中思考物的意义并非是否定物的现实性，而是为了人的生存意义这一终极课题，毕竟现有的一切知识、伦理、政治建构或追求都是相对于人而言才具有意义，这是克服了理学不容己的约束性而实有诸己地将人挺立出来的重要思想转变。

第二点，两者都对超越本体的意义进行了深化。以往的形上学往往追逐自然的实体义，这样建构起来的形上学根基，无论是中世纪的神学还是启蒙主义的理性与科学，都是以宇宙万物的超验逻辑结构而规定本体的范畴体系，以系动词"是"为连接词表现为"××是××"，这样的句式以一种他律性的模式出现，在康德看来只是经验现象的逻辑结构，并没有超验的作用，也就是体现不了理性的超越性，在这样的逻辑结构的规定下人的一切都没有选择，只是作为自然存在者遵从自然规则。只有人作为有理性的存在者通过理性为自身立法并使其成为普遍意志，而且自觉遵守自己的法则，理性才可能超越无限的经验达到自由的境界。如果没有自由人自然因果链条上的一环，也就没有属于人的超验本性。只有充分体现了人的意志的形上学或超验本体才能解释人之为人的

[①] （明）王守仁：《王文成公全书》，第7页。

意义所在，正因为人既是自然存在者又是理性存在者，人在遵循自然规则的同时可以通过理性为自我立法以通达自由。人具有自律性，这种自律基于选择的权利，人选择将自己的准则上升为普遍法则并且自觉遵守，且人的理性要求自己必然如此，所以人才具备了可以对抗命运的可能性，舍生而取义才值得歌颂，因为这是人超越了自身作为自然存在的一面而追求人生的价值，阳明的良知观亦体现了这一点。

第三点，同时，重新建构一种意义世界的直接后果就是造成了二元论的分裂，似乎康德的道德形上学永远作为"目的王国"无法落实到现实中，阳明思想自身也存在着二重化的倾向，所以当悬搁超越物后如何能够还原世界下落到实践中显得尤为重要。康德的"理智世界"虽然永远作为彼岸的理想世界无法通达，因为人作为二重性的存在会一直受到直觉本能与感性经验的干扰，但人仍可以永远无限靠近理智世界实现自己的意义；而阳明的良知也通过致良知的过程避免了其理性的不可实现性。

三、悬搁经验世界：心物论与人物论

人作为有理性的有限存在会不断趋向完满的无限实体以为自身的存在寻找意义，这便是人类作为形下存在者自诞生以来绵延不绝的追逐形而上学的自然冲动，这种自然冲动根源于人对超验本体的寻求。康德划定物自体与现象的界限通过先验哲学向内寻找道德形而上学的可能，阳明亦通过对心物关系的探讨得出"意之所在即是物"的结论，重新回到内在意识即以"内在超越"的进路建构起了属于人的一个意义世界。

对存在的思考在宋明得到了关注，周敦颐曾作《太极图说》，以宇宙论的演化模式进行说明："分阴分阳，两仪立焉。阳变阴合，而生水、火、木、金、土。五气顺布，四时行焉。"朱熹与周敦颐相近，曾作《太极图解》："二气五行，天之所以赋受万物而生之者也……"两者的共同点在于都将宇宙的生成演化过程与存在的本体论问题相交错。朱熹亦曾用理气关系来说明存在问题，既主张理本气末不可乱"所谓理与气，此决是二物"①，又强调理气不可分离"天下未有无理之气，亦未有无气之理"②。这使朱熹的体系蕴含了类似于柏拉图理念世界与现实世界二分的不可调和的矛盾，作为万化之本的理与气始终处于两个序列。这种二重化困境同样存在于西方哲学中，康德以前的形上学不断追求存在之为存在的形式因，即回答"作为存在的存在"，以主客架构为视角寻找哲学地基会面临"认识论困境"的难题，即如果第一因是由科学思维方式追问得来的，那么如何确保内在意识能够切中客观实在？并且，如果以之为终极根据的形上学是通过经验客观存在而得到的，那么人的独特性又何以体现？

为了回答这一问题，康德基于人的两重性区分了物的两重性，形而上学的传统观念认为必须符合对象的知识才具有真理性，亦即主张我们能够按照事物是其所是的样子去认识事物，然而事物的属性在被我们认识时一定会经过经验和表象能力的加工，事物的全部真实属性也就无法完全呈现在我们的认知之中。故而，康德重新定义了认识过程：不是知识必须符合对象，而是对象必须符合知识，所以知识的构成便分为了两个部分——认知对象与先天认识形式；客观存在也被分为了两个部分——可以被认识的现象与不可被认知的物自体。人的二重性也由此被揭示了出来，张志伟教授概括为："既有自然存在的一面，亦有超自然亦即理性存在的一面。"③ 人作为自然存在者与世间万物一起遵循自然法则，在自然的因果链条上并无自由可言，人同时作为理性存在者能够建构起属于自己的意义世界并从中寻找生命的价值。王阳明虽然没有进行这样一番明确的"哥白尼革命"的认识论阐释，但他已经注意到了外在世界与人的认识活动和实践活动的关联，杨国荣认为："他对存在的考察总是与主体的意识联系在一起。"④ 阳明讲："夫万事万物之理不外于吾心"⑤，他认为人去认识架构的世界离不开人的存在，草木瓦石固然是自在的事物，但它们的意

---

① （清）刘源渌著，黄珅校点：《近思续录》，上海：华东师范大学出版社，2015年版，第4页。
② （清）王梓材、（清）冯云濠编撰，沈芝盈、梁运华点校：《宋元学案补遗·朱子语类》，北京：中华书局，2012年版，第2644页。
③ 张志伟：《康德的道德世界观》，北京：中国人民大学出版社，1995年版，第39页。
④ 杨国荣：《心学之思——王阳明哲学的阐释》，北京：生活·读书·新知三联书店，1997年版，第95页。
⑤ （明）王守仁：《王文成公全书》，第57页。

义却是由人赋予的，所以他说，"人的良知，就是草木瓦石的良知"①，这并非否认客观存在的实存性，而是强调人不应在自身的存在之外寻找形而上学的本体，而要联系自身的存在建构意义的世界。康德同样认为科学知识是有限的，通过经验现象获得的知识不可能通达人所追求的超验本体，亦即限制了科学思维方式的超验使用。在此意义上，朱熹"须是今日格一物，明日格一物"的致知观必然会导向流于支离的结果，因为这始终是在追逐有限的经验知识而找不到人的价值。

阳明将心物关系概括为："身之主宰便是心，心之所发便是意，意之本体便是知，意之所在便是物。"② 心之所发是心落实于气质活动，意是心的外化，也就是心的活动，意之所在是主体赋予对象以意义的过程，这里的意类似于胡塞尔所说的"意向活动"。虽然阳明对心物的讨论并未达到现象学的深刻程度，但他对意的阐释确实在某种程度上扬弃了胡塞尔所讲的"存在的直接被给予性"。胡塞尔对绝对的被给予性与非绝对的被给予性的区分为："我们承认纯粹思维的被给予性是绝对的，然而外部的知觉中事物的被给予性不是绝对的。"③ 这里，王阳明将物的自在形态转化为意识中的形态，改变的只是对象对于人而言的存在方式，并没有抹杀物的客观实在性，更多强调的还是主体在建构意义世界中的作用；或者说，更强调意义世界的建构对主体的作用，后者更能说明人类对价值的追求。

无论是王阳明对心物关系的重新阐释，还是康德对道德形而上学的重新划界，都体现了主体在意义世界的建构中的作用，突出了外在物与人的关联意义，以一种近于现象学中的"悬搁判断"的现象学态度重新为寻找超越本体的讨论划定了新的地基，在内在意识中以先验哲学的进路开启了对人之为人的本质的探讨。

四、还原超越实体：良知与意志自律

阳明与康德之所以要悬搁经验世界回到主体意识中，就是为了寻找奠基性

---

① （明）王守仁：《王文成公全书》，第133页。
② （明）王守仁：《王文成公全书》，第7页。
③ 胡塞尔：《现象学的观念》，上海：上海译文出版社，1986年版，第45页。

的超越实体，那么何为超越实体呢？学界对超越的定义虽然不尽相同，但都表现出一些相同的特质，首先体现为一种超经验性，大致可以理解为超越的实体不受到时间空间的影响。在康德哲学中时空作为感性直观形式存在，而理性的地位要高于对从现象中获得质料的感性形式。阳明曾以天理解释良知，"夫心之本体，即天理也。天理之昭明灵觉，所谓良知也"①。沈顺福教授认为，作为天理的良知是一种超越的实体，"这种无穷而普遍的存在体，从哲学的角度来说，是一个超越的实体，即'良知是超越的心体或主体性。'良知是超越的实体"②。其次，超越亦表现为一种确定性，这种特质并非静止而是相对于感性经验的不确定性而言，具有克服人的本能欲望的作用。康德的道德形而上学较之自然形而上学的优越性就体现在：伦理学意义上的人具有在善与恶、理性与感性、克制与欲望两种相互对立的状态下的选择权，理性能够帮助人超越趋乐避苦的自然本性规训自身。王阳明的良知也是这样的一种存在："春夏此常体，秋冬此常体，皆可谓之阴、谓之静也。"③

王龙溪曾说："阳明夫子之学，以良知为宗。"良知作为阳明学的核心观念具有丰富的内涵，牟宗三就曾将良心本体概括为道德心，良知是否具有道德的意味或者是否能够开出道德意识是需要提前说明的，因为良知若是作为超越的实体出现便具有了存在论意义，存在论为伦理学而奠基，这样的良知必然不具备道德的内涵。对此，学者黄玉顺与沈顺福都曾做出过澄清，黄玉顺认为人们通常将孟子的"性善论"解读为人性本善，实则一种误读："它并不是与恶相对的道德范畴，而是一个涵盖善恶的本体范畴，即：它作为'体'本身并无所谓善恶，而它的'用'可善可恶。"④ 因此，阳明讲"无善无恶心之体"正是在这样的存在论意义提出的，作为超越的本体的良知不具有道德意识。沈顺福也认为："未发之良知是寂然不动的实体。其用便有喜怒之情。用体用论的术语来说，良知是体，情是用。因此，良知与情感的关系属于体用关系。"⑤道德意识属于情感，情感属于形而下的气质活动，作为形而上的良知本体并非

---

① （明）王守仁：《王文成公全书》，第230页。
② 沈顺福，曾燚：《论王阳明的良知观》，《社会科学研究》，2021年第5期。
③ （明）王守仁：《王文成公全书》，第80页。
④ 黄玉顺：《儒家良知论——阳明心学与胡塞尔现象学比较研究》，《阳明学刊》，2004年。
⑤ 沈顺福，曾燚：《论王阳明的良知观》，《社会科学研究》，2021年第5期。

道德情感。这一点不同于康德，康德认为人是有限的理性存在，只有理性自身的法则才具有内在必然性，而理性自身的法则就是道德法则，它表现为理性向自己立法并自觉遵守，此时立法者与遵守者为同一个主体，立法的目的也仅仅出于理性自身的要求。这种道德法则表现为"应该"的"定言命令"形式，与"定言命令"相对的"假言命令"……则是：一种行为作为满足某些爱好或目的的手段。这会导致一些善的行为并不是出于善的目的，所以理性的道德法则必须是"定言命令"。经验现象在知性范畴的规定下会形成自然法则，而意志自律会要求理性建立道德法则，人作为有限的理性存在会自觉接受理性的约束而走出自然法则也就是感性经验的限制，理性作为超越的实体意义正在于此。

　　阳明的良知虽然是内在于人的主体意识，但又并非单指个体心灵，而具有"人同此心，心同此理"的普遍性质。阳明的理首先是超验性质的，"定者，心之本体，天理也。动静，所遇之时也"①。动静是经验方式，天理不以动静来解释，天理是超越于经验的。沈顺福教授认为阳明的天理对于宇宙万物兼具普遍意义："它贯通于自然与人类社会，属于普遍于宇宙万事万物的天理。从人类实践的角度来说，这个天理便是人类道德实践所应该遵循的基本原理、道理。"② 这涉及阳明的万物一体观，阳明曾表示："盖天地万物与人原是一体，其发窍之最精处，是人心一点灵明。"③ 人心的一点灵明便是良知，也就是天理，"天命之性具于吾心，其浑然全体之中，而条理节目森然毕具，是故谓之天理"④，人的良知作为发窍处之最精为天地万物的生存提供了本体依据，保证了作为超越的良知的本体具有普遍性质，避免了陆九渊直接销心入理的直觉主义倾向。那么康德理性的法则又是如何避免个体主义的倾向呢？康德区分了主观准则与客观法则。主观准则顾名思义即它的规定性只对一个人的意志有效，而客观法则就是对一切有理性的存在者的意志都有效。所以康德对定言命令的形式提出了三个公式：

---

① （明）王守仁：《王文成公全书》，第 21 页。
② 沈顺福：《论王阳明之理》，《中国文化论衡》，2016 年第 1 期。
③ （明）王守仁：《王文成公全集》，第 133 页。
④ （明）王守仁：《王文成公全集》，第 323 页。

要只按照你同时能够愿意它成为一个普遍法则的那个准则去行动[①];

要这样行动，就好像你的行为的准则应当通过你的意志成为普遍的自然法则似的[②];

你要如此行动，即无论是你的人格中的人性，还是其他任何一个人的人格中的人性，你在任何时候都同时当作目的，绝不仅仅当作手段来使用。[③]

张志伟概括为三类形式："（1）普遍性公式；（2）质料性公式；（3）整体性公式。"[④] 定言命令包含三个因素：准则、意志、法则。普遍性公式展现了对准则的说明，要求个体的主观准则上升为对所有理性存在者有效的客观法则，使主观准则与客观法则达到统一，就是通过意志的自律性让客观法则成为主观准则，也就是"为了达到×而达到×"，自觉将客观法则当作主观准则才能使你的主观准则上升为法则时具有普遍性。这里，目的与结果是同一个法则，而这个法则又是你的理性使你自觉将其上升为客观法则的主观准则，"你的行动，要使你的准则通过你的意志上升为普遍的法则"[⑤]。

质料性公式展现了对法则的说明，要求普遍性的客观法则作为目的性法则是形质结合的，形式性的公式即它作为实践原理不受到主观经验的影响，质料性的公式即以主观目的为根据，意志要求主体出于定言命令而遵守定言命令。这里，人的主观准则具有质料性，但因为意志的作用上升到了普遍性的客观法则，所以具有了形式性，形式与质料得到了统一，形式又规定了质料。

整体性公式展现了对意志的说明，意志之所以能够让主观准则上升为客观法则，就是因为一切有理性者的意志都是自在的目的，就是理性本身，每个有理性的存在者都因为具备自己立法自己遵守的能力而成为目的王国的一员，"每个有理性的存在，在任何时候都要把自己看作一个由于意志自由而可能的目的王国中的立法者"[⑥]。

---

① 康德：《道德形而上学的奠基》，李秋零译，北京：中国人民大学出版社，1978年版，第428页。
② 康德：《道德形而上学的奠基》，第429页。
③ 康德：《道德形而上学的奠基》，第437页。
④ 张志伟：《康德的道德世界观》，第144页。
⑤ 张志伟：《康德的道德世界观》，第145页。
⑥ 张志伟：《康德的道德世界观》，第149页。

五、落实伦理规训：致良知与目的王国

如果说对良知的探讨相当于康德对理论理性的探讨，那么如何过渡到实践理性中则更具现实性意义。康德通过判断力批判沟通实践理性批判与纯粹理性批判具有诸多的理论难题，而阳明的致良知说则在沟通现实时展开了更多可能性。阳明曾说过："吾平生讲学，只是致良知三字"①，他认为只有对作为本体的良知具有了自觉意识，良知才能成为意义世界得以可能的根据，而对天赋良知的自觉把握需借助后天的致知活动实现，"故致知者，诚意之本也"②，即从本然之知推扩发显为明觉之知的过程。阳明将其比喻为植物之根与后天培育的过程，良知正如同植根先天自足并非致知活动的产物，但只有经过致知活动的过程才能发挥作用。这一观点后来被黄宗羲发展为"心无本体，工夫所至，即其本体"③，阳明想要强调的正是后天功夫的重要性。阳明的以天理阐释良知的观念为良知赋予了超越经验的性质，并以万物一体观实现了良知的普遍性，"吾心之良知，即所谓天理也。致吾心良知之天理于事事物物，则事事物物皆得其理矣。致吾心之良知者，致知也。事事物物皆得其理者，格物也"④。天理即良知，格物致知即将良知作为万事万物得以可能的根据推扩出去。阳明的良知观不同于知识心，"致吾心之良知者，致知也"⑤，是以"内在超越"的模式即向内在意识寻求形而上学的模式回答了人的价值根据问题。

康德的意志自律作为"目的王国"虽然以一个理想世界的形式出现很难落实到现实，因为人作为有限的理性存在，在遵从作为自然存在的法则而行动时必然会受到主观经验与感性欲望的干扰，但他以一种道德形而上学的形式实现了形而上学的可能。康德这里的本体不同于已经存在的万事万物的本原，更具有一种作为理想、应该、目的和方向的应然价值，通过理性为自身立法将立法者与守法者统一到同一个主体上从而对有理性者有效，因为这体现了人自觉

---

① （明）王守仁：《王文成公全书》，第1142页。
② （明）王守仁：《王文成公全书》，第294页。
③ （明）王夫之：《船山全书》，长沙：岳麓书社，2011年版，第1091页。
④ （明）王守仁：《王文成公全书》，第56页。
⑤ （明）王守仁：《王文成公全书》，第56页。

超越经验的束缚为自己立法的自由意识，为作为有限的理性存在者的人找到了那个绝对唯一的存在价值，使人的观念能够成为一个有序的系统，实现了存在论层级中形上者为形下者奠基的哲学意义，让人类对价值的追求有了安放之处。

六、总结

（一）理性促成超越的自由向度

超越一词由动词"to transcend"引申而来，其意为"跨越某种界限"。郭萍认为超越的内涵传达出了"自由"的面向，"这一语义本身明显传达出一种摆脱束缚、不受限制、自作主宰等'由己'的意味，而'由己'正是自由（liberty）一词的基本语义"①。超越的自由义在此摆脱的正是主观经验的束缚，不受感性因素的限制，从而自我立法自我遵守自作主宰，即意味着作为超越的实体的理性成为终极性根据、更是终极性价值根据，暂时悬搁了经验的侵扰。可见，形而上学作为人类观念不断向上追问的终极根据是无法被解构的，即便内在超越的模式注定无法摆脱先验哲学带来的弊端，因为先验理性需要虚设本体，但这种预设是出于人类的观念层级的需要，所以本体论注定在场，无论是在既往的哲学研究中还是在日常的言说中本体论一直存在，蒯因曾概括为"本体论承诺"。黄玉顺也曾对此做出过说明："当我们说'a 是 B'或者'A 是 B'的时候（小写字母表示个体，大写字母表示一个集合、种类），对 a 或 A 的存在承诺已经蕴含了对 B 的存在承诺。"② 如此追问下去必将走向对一个终极本体的承诺。

以上对康德与阳明的分析体现了作为超越实体的形而上学的积极意义，即奠基意义。

黄玉顺曾在《生活儒学》中区分了两种不同的观念层级："后来，我加以修正，提出了'观念的生成'与'观念的奠基'及'境界'的区分。观念的

---

① 郭萍：《自由：主体性超越——儒家自由的超越论省思》，《学术界》，2021 年第 3 期。
② 黄玉顺：《本体与超越：生活儒学的本体论问题》，《河北大学学报（哲学社会科学版）》，2022 年第 2 期。

生成：生活感悟→形而下存在者→形而上存在者；观念的奠基：生活本源→形而上学→形而下学。"①

哲学家不断寻找作为万事万物根据的追问，最后会寻找到一个形而上的终极存在者，这种观念的层级构成"形上—形下"的奠基意义。而在现实生活中，这个两层架构的意义在于为我们的一切言行举止提供形上法则或价值根据的指导，即使我们言之有理、行之可依，这其实是我们作为一个形下存在者出现时需要的行为依据，也就是一种"形下—形上"的观念层级的展开。无论如何正因为具有了超越实体的指引，人的行为才开始具有了意义，人之为人的本质也才由之体现，这便是体现在作为超越的实体形式出现的阳明的良知说与康德的道德形而上学的意义。

（二）理性促成个体的自由限制

同时，以先验哲学为前提的"内在超越"的进路带来的意义并不全是积极的。

一是表现在具有形而学意义的"天理"与集权主义相结合，最典型的例子便是程朱理学的"天理"观念。因为先验哲学往往以"内在超越"的进路直接将理性置于感性至上，那么，理性的规训作用与指导作用就会被一览无遗地展现出来，但实则必须厘清的是理性的这种作用来源于形而上学对形而下的奠基意义而不是来源于程朱理学"以理杀人"的天理对个体的束缚，更不来源于人本主义倡导的人能僭天的理性与自由。两者的区别在于用于规训人心的道心，这样的道心通过将集体意志实体化，"天理"具有了不容侵犯的超越性："且如万一山河大地都陷了，毕竟理却只在这里。"② 以及不受时空限制的普遍性："性即理，理即天。我既知得此理，则所谓尽心者，自是不容已。"③ 永恒而普遍的理成为一种超越实体，沈顺福教授概括为："理是形而上者，形而上的、超越之理无法被认知或被感觉所经验。"④ 实体化的理成为形而上学性质的静态的不可变更的行为依据，既包含了形而上学的奠基性又夹杂着前现

---

① 黄玉顺：《爱与思：生活儒学的观念》（增补本），成都：四川人民出版社，2017年版，第3页。
② （宋）黎靖德编：《朱子语类》，第4页。
③ （宋）黎靖德编：《朱子语类》，第1424页。
④ 沈顺福：《天理与儒家人类本质论》，《江淮论坛》，2021年第6期。

代封闭思想，并且在形成之后具有不容己的特点，个体必须要对其绝对服从，这样就将个体不合理的欲望与合理的需求一并禁锢，也就抹杀了个体的主体性。

二是表现在主体只完成了对于经验束缚的超越，并没有寻找到类似康德客观法则的规训，会造成"以人代天"或"以人僭天"的现象。对这样的内在超越带来的危机，黄玉顺教授曾概括为："内在超越取代了外在超越，亦即一种有限的存在者取代了无限的存在者，世俗者取代了神圣者而自命为神圣者，自以为至善而全能，并因此而为所欲为。"①即如果人最终找到的形上学本体只是超越了经验的限制而未能形成像康德所说的意志自律，要求理性自我立法将主观准则上升为客观法则并自觉遵守，那么人就会自以为全能，在物理学与数学的不断进步下永远地局限于科学思维方式中。这样的思维方式或者超越本体是没有价值意义的，回答不了"应该"的问题，也就造成了我们今天面临的人本主义危机。

针对问题一，应该具备这样的一种基本态度：本体论不能被解构，旧的本体论必须被解构，新的本体论必须被建构，新的本体论应该抛却前现代的封建观念的束缚，在充分尊重个体的前提下重新建立现代性超越实体，这也是黄玉顺教授提出"变易本体论"②的旨归所在。

针对问题二，必须重新接受超越的规训意义，即确立能够为所有有理性存在者起到价值指引作用的超越目标，在这点上，中国古代哲学中的"君子"人格具有一定的借鉴意义。

---

① 黄玉顺：《中国哲学"内在超越"的两个教条——关于人本主义的反思》，《学术界》，2020年第2期。
② 黄玉顺：《本体与超越：生活儒学的本体论问题》，《河北大学学报（哲学社会科学版）》，2022年第2期。

当代儒家
文献研究

DANGDAI RUJIA WENXIAN YANJIU

方法论的自觉与儒学史的定位
——读《宋明儒学之重构——王船山哲学文本的诠释》

陈卫平[*]

河北大学程志华教授80多万字的著作《宋明儒学之重构——王船山哲学文本的诠释》（以下简称《重构》），是其历经六年多研究的成果。最近十多年，相对研究程朱陆王日趋热门，对于王船山的关注则比较少。《重构》是近年来研究王船山哲学的有自己新见的著作，其新见在我看来，主要是贯穿全书的方法论自觉和对于船山在儒学史上的定位。没有方法论的自觉，对宋明儒学进行重构还不可能；同时，重构是与重新认识船山在儒学史的定位相联系的。

程志华教授研究王船山哲学，是以其以往的研究成果为基础的。他曾经对与船山并立为清初三大思想家之一的黄宗羲做了深入研究，出版专著《困境与转型——黄宗羲哲学文本的一种解读》，我曾为它写过跋。这使得《重构》对于船山哲学产生的历史背景有比较切实的把握。后来，程志华教授长期研究现代新儒家，以牟宗三为核心，上溯熊十力，下委台湾"鹅湖学派"，形成了对现代新儒家"祖孙三代"的系列成果。而熊十力作为现代新儒家的实际开山祖师，其问题意识、思想资源均与王船山有紧密关系，故要理解熊十力哲学进而整个现代新儒学，就需要"回首"王船山哲学，程志华有关现代新儒家的研究成果比较充分地注意到了这一点。这是对船山作为现代中国哲学理论建构的思想资源的把握，使得《重构》站在现代哲学的高度进行"重构"成为可能。

---

[*] 作者简介：陈卫平（1951—），男，华东师范大学哲学系教授。

尽管程志华具备研究船山哲学的学术基础，但船山哲学的研究还是有很大难度的，这其中的重要原因，在于王船山著述浩繁，涉及范围之广与层次之多，在传统思想家中是不多见的。所谓"范围广"，指王船山所著几乎涉及传统的全部学术分类即"经""史""子""集"。所谓"层次多"，指王船山所著几乎涉及中国传统学术所有层次。通常来讲，中国传统学术有"义理""辞章""考据""经济"四个面向，而这四个面向实有层次之别，用现代学术话语讲，即从"形上"到"形下"的高低层次之别。相对应地讲，王船山关于"经""子""集"的著作主要为"义理""辞章""考据"层次，关于"史"的著作主要为"经济"层次。因此，船山哲学研究的深入，首先需要有攻书不为难的精神。应该说，《重构》关于船山哲学体系的考察体现了这样的精神。如何从王船山"经""史""子"范围之"义理"层次中概括出其哲学体系，确是一个仁者见仁、智者见智的易引发歧解的问题。对此，程志华回顾了哲学史的相关观点，如，梁启超将其哲学体系概括为"宇宙论""本体论""知识论""伦理学"（即逻辑学）四部分；嵇文甫概括为"性理哲学""历史哲学"两大部分；侯外庐概括为"自然唯物论""道器论""人性论""知识论""社会史观"四部分；冯友兰则以"客观世界的真实性""有无问题""动静问题""形上形下问题""理""认识论""知行问题""性命问题""历史观""辩证法"十个问题来概括。参考上述相关观点，程志华将王船山哲学体系概括为六个部分："'无终始'的宇宙论""'实有'的本体论""'善'的人性论""'修身为本'的工夫论""基于'演进'的循环历史观""'天''民'并重的资治论"。很明显，这样一种概括体现了"普遍化"与"本土性"两个方面的结合；"普遍化"对应的是"哲学"，"本土性"对应的是"中国哲学"——"宇宙论""本体论""人性论""工夫论""历史观""资治论"反映的是"普遍化"，这六个概念之前的修饰语即"无终始""实有""善""修身为本""基于'演进'的循环""'天''民'并重"反映的则是"本土性"。"普遍化"与"本土性"两个方面的结合，使得《重构》对王船山哲学体系的把握有独到之处。

从事学术研究，方法问题事关重大。《重构》的突出之处，是有非常强的方法自觉，在其"绪论"中设有专节"中国哲学史诠释方法的厘清"。程志华探讨了哲学史研究方法的道与术。所谓道，指哲学史研究所依循的道理、规律、法则或理念；所谓术，指哲学史研究所依循的策略、方法或技巧。就道讲，他分别疏解了施莱尔马赫和狄尔泰的客观诠释学和伽达默尔的主观诠释学，进而主张以客观诠释学为基础，侧重采用主观诠释学。就术讲，他主张以援西入中为策略，采用林安梧的"诠释五层级论"的方法、胡适之"述学""明变""求因""评判"和冯友兰关于"问题意识""哲学体系""理论价值"的"三个说清楚"的诠释技巧。为了进一步说明方法的道与术之关系，他还以建筑工程之图纸设计来比喻道、以工程施工来比喻术。

尤其值得提出的是，程志华针对中国哲学史研究提出了内在诠释与外在诠释两种方法，并以建筑工程之"清理场地"为喻加以说明——清理场地是建筑工程施工的前提，内在诠释与外在诠释的厘清是上述道与术的前提。"所谓'外在诠释'，指诠释者'跳出'研究对象的概念、义理框架，探究时代背景对这些概念、义理所造成的影响，并揭示概念、义理的意识形态功能和社会影响"。这样的外在诠释，实质是"即存在以论本质"，即将本质还原为存在。而"'内在诠释'要求解释者在研究对象的思想框架内进行诠释；一般只就概念谈概念，就义理论义理，不去涉及时代背景，也不牵涉思想的意识形态功能和社会影响"。如此的内在诠释，实质是"即本质以论本质"，即将存在上升为本质。基于上述分析和比较，《重构》主要以"内在诠释"解读船山哲学。这使它和其他近年来研究船山哲学的著作有所不同。这样的方法是否完全无弊，当然可以讨论。不过，贯穿方法论的自觉，作为《重构》的一大特色，是应当给予肯定的。

《重构》对于船山在儒学史上的定位提出了新见。这首先涉及船山哲学与宋明儒学的关系。以往通常有两种观点：一是强调船山对宋明理学的批判；一是视船山为宋明理学的延续。依梁启超《中国近三百年学术史》的说法，就明末清初三大儒的比较看，王船山之所以为王船山，在于他既与黄宗羲不同，又与顾炎武不同——黄宗羲的理路是"史学"的，顾炎武的理路是"科学"的，王船山的理路则是"哲学"的。不过，他们之间亦有相同之处；与顾炎武一样，王船山的特点是既能"破坏"又能"建设"。程志华教授肯认并汲取了梁启超的看法。在他看来，梁启超关于王船山"破坏"和"建设"的说法为研究王船山哲学的切入点——王船山哲学首先表现为"反思",而"反思"所对应的是"破坏";其次表现为"建设",而"建设"所对应的是"建构";"反思"与"建构"合在一起即为"重构"。"实际上,'反思'与'建构'可以由'重构'一个词来概括,因为'重构'包含'反思'和'建构'这两层意义。"进而,王船山哲学"重构"的对象为宋明儒学,故王船山哲学的定性为"宋明儒学的重构"。这是程志华对王船山哲学定性的新颖之处。

《重构》从对船山哲学的上述定性走向如何认识船山在儒学史上的定位。程志华的独到之处在于,他以整个儒学史为背景,以儒学之形态变化为切入点,通过探讨整个明末清初儒学性质,给出王船山哲学的定位。具体来讲,他以"问题意识""核心命题"和"概念体系"三个"变化因子",将儒学史分为三期,而每一期表现为一种理论形态,分别是原始儒学"实存道德描述形态"——以实践为特征的儒学形态、宋明儒学"形上学形态"——形上学为主要内容的儒学形态、明末清初儒学"形上道德实践形态"——既具形上基础又具经世功能为特征的儒学形态。进而,儒学之三期即三种形态有内在逻辑关联——"实存道德描述形态"为"正","形上学形态"为"反","形上道德实践形态"为"合",为对前两种形态的综合与超越。王船山等明末清初儒者参与了"形上道德实践形态"的建构,故其哲学当属于这一形态。此便是王船山哲学的儒学史定位。

与这样一种儒学史定位紧密相关,程志华还探讨了现代新儒学的儒学史定位。众所周知,牟宗三先生有著名的儒学"三期说"——先秦两汉儒学为第一期、宋明儒学为第二期、现代新儒学为第三期,乃宋明儒学的"接着讲"。程志华教授不赞同这一观点,认为现代新儒学所代表的"第三期儒学"与明末清初儒学"形上道德实践形态"在特征上一致,即均既具形上基础又具经世功能,故现代新儒学不是宋明儒学的"接着讲",而是明末清初儒学的"接着讲"。质言之,明末清初儒学为宋明儒学的"接着讲",现代新儒学乃明末清初儒学的接续和发扬。这样,程志华教授其实又给出了现代新儒学的儒学史定位。

上述这些,表明《重构》是值得重视的研究船山哲学的著作。

"太极"观念的当代哲学省思

——《周敦颐太极图讲记》读后

黄玉顺[*]

【摘要】 周敦颐《太极图说》的"太极"范畴是一个宇宙论概念,而朱熹《太极图解》的"太极"范畴是一个本体论概念。"太极"这个词语来自《易传》,虽然也是宇宙论概念,却不同于周敦颐的宇宙论。但无论是本体论还是宇宙论,都是存在者化的观念,因而都面临着当代哲学之前沿思想的解构。因此,对于中国哲学的现代转化来说,如果仍要使用"太极""无极"这样的词语,那就必须对它们进行解构、还原而重构。具体来说,"太极"作为形上的"存在者",即是一个存在者化的观念,因而有待于前存在者的"存在"观念为之奠基;"无极"亦然,它应当被改造为一个前存在者的"存在"观念。

【关键词】 太极;无极;《易传》;周敦颐;朱熹

众所周知,对于宋明理学来说,周敦颐的《太极图说》具有"开山"的地位。方旭东教授在法国出版的专著《周敦颐太极图讲记》(以下简称《讲记》)是这方面的一个重要的最新研究成果。

如果仅仅从书名看,《讲记》所研究的似乎不是周敦颐的《太极图说》,而是《太极图》。从学术范畴讲,《太极图》属于"易图"的领域。据我孤陋

---

[*] 作者简介:黄玉顺,山东大学儒学高等研究院教授。

寡闻所知，目前研究易图的最渊博的专家，应该是郭彧。他送过一本书给我，是与李申合编的《周易图说总汇》①；另外，他本人还出版了《周易图像集解》和《易图讲座》等专著。关于周敦颐，他也有专题论文《〈周氏太极图〉原图考》②。我看了《讲记》的参考文献，没有提到郭彧的著述，只列出了李申的《易图考》③。就我本人来说，遗憾的是，郭彧以及其他易图专家的著作，我没有认真研读过；原因是我对"易图"没有学术兴趣。

但是，从实际内容看，《讲记》的研究对象，虽然围绕着《太极图》展开，而实际上是周敦颐的《太极图说》和朱熹的《太极图解》。不仅如此，此书真正关注的，其实很大程度上是朱熹的理学思想，尤其是朱熹"太极"范畴的内涵及其在朱熹哲学体系中的地位问题。为此，此书特附了一篇专题论文《太极果非重要乎？》④。说实话，日本学者山井涌竟然提出"'太极'在朱熹哲学中是否重要"的问题，陈荣捷等人居然煞有介事、正经八百地与之辩驳，我觉得是很奇怪的一件事情。在我看来，"太极"在朱熹哲学中的重要性，应该是不言而喻的，无须争辩。《讲记》也说，"太极问题涉及宋明理学诸多关节，一直以来都是学者们关注和讨论的重点"⑤；朱熹当然也不例外。

因此，我在这里不去讨论这个问题，也不讨论"易图"的问题。再者，我不打算讨论文献"考据"方面的问题，因为我对作为易图的《太极图》没有专门的文献考据研究，而且感觉《讲记》的考据是颇为扎实的。我只讨论一些"义理"方面的问题，或者说是"哲学"的问题，并且主要集中于"太极"以及"无极"范畴的问题，这也算是对方旭东教授提出的"太极果非重要乎"问题的一种回应。

一、周敦颐《太极图说》的"太极"范畴

关于周敦颐《太极图说》的原本，首句究竟是不是朱熹确定的"无极而

---

① 李申、郭彧：《周易图说总汇》（上中下），上海：华东师范大学出版社，2004年版。
② 郭彧：《〈周氏太极图〉原图考》，《周易研究》，2004年第3期。
③ 李申：《易图考》，北京：北京大学出版社，2001年版。
④ 方旭东：《太极果非重要乎？——接着陈荣捷说》，《国际儒学》，2022年第2期。
⑤ 方旭东：《周敦颐太极图讲记》，巴黎友丰书店2023年版，第84页。

太极",这个朱陆之辩,其实是一个无法考定的公案,这里不去讨论它。我赞同《讲记》的这个态度:"应该放弃对唯一确定'真本'的过度追求,而去揭示不同版本的'叙事'的生成过程。"① 这是一种符合当代诠释学立场的态度。

至于"太极"与"无极"的关系,朱熹说:"非太极之外,复有无极也。"② 这个理解,我觉得大致是符合周敦颐的原意的,因为"太极"无疑是"本",而周敦颐既说"无极而太极",又说"太极本无极也"③,即同时称"无极"为"本"。可见在周敦颐这里,"太极"和"无极"所指称的是同一个东西。

问题在于:这个"本",究竟是本体论(ontology)的概念,还是宇宙论(cosmology)的概念?这需要看看周敦颐如何谈"本"。但是,除"太极本无极"一句以外,《太极图说》再无"本"字。周敦颐谈论"本"比较多的是《通书》,值得考察一番。其中有的"本"既非本体论意义的,亦非宇宙论意义的,例如"乐者,本乎政也"④,显然不在我们这里的考察范围之内。

稍加考查,不难看出,《通书》所谓"本",就是"诚"。他说:"诚,五常之本";"无思,本也;思通,用也。几动于彼,诚动于此。无思而无不通,为圣人","故思者,圣功之本";"本必端。端本,诚心而已矣"。⑤ 但这里的"诚"之为"本",并不只是宇宙之"本",而是"圣功之本"。所以周敦颐才会说:"天下之众,本在一人";"治天下有本,身之谓也"。⑥

这里值得注意的是,《太极图说》以"太极""无极"为"本",但并没有提到"诚",即看不出"太极"与"诚"的关系;而《通书》则大谈"诚",但是,尽管有一处提到"五行阴阳,阴阳太极"⑦,却同样看不出"诚"与"太极"的关系。明确地将周敦颐的"太极"与"诚"联系在一起,是朱熹的诠释。

此外,正如《太极图说》一样,《通书》也只有一处提到"本"与"太

---

① 方旭东:《周敦颐太极图讲记》,第84页。
② 周敦颐:《周敦颐集》,陈克明点校,北京:中华书局,1990年版,第3页。
③ 周敦颐:《周敦颐集》,第3、4页。
④ 周敦颐:《周敦颐集》,第29页。
⑤ 周敦颐:《周敦颐集》,第14、21、37页。
⑥ 周敦颐:《周敦颐集》,第23、37页。
⑦ 周敦颐:《周敦颐集》,第27页。

极"的关系，即："二气五行，化生万物。五殊二实，二本则一"①。这里的"本则一"显然就是《太极图说》的"无极而太极"。这里的"二本则一"并不是说"二气"或"二实"（即阴阳）是"二本"，而是说阴阳虽为"二"，然而"本则一"，这个"一"就是"无极而太极"。但这里周敦颐仍然没有涉及它与"诚"的关系。

归纳起来可以说，周敦颐尽管将《太极图说》的"太极"或"无极"和《通书》的"诚"都称为"本"，但他所谓"本"似乎有两种不同的内涵，或者说是两个不同的概念：《太极图说》的"本"是一个宇宙论范畴；而《通书》的"本"则具有本体论的意味，唯其如此，它才能开出宋明理学的本体论范式。

因此，我同意《讲记》将周敦颐哲学归属于"宇宙论"这个判断。作者指出："周敦颐《太极图》《太极图说》所要表述的主要还是一种宇宙论学说，而朱子的《太极解义》则自觉地将'太极'作为本体论的核心概念"②；"周敦颐是要在《太极图》中把中国宇宙论的三大模式融合"③；而"朱子成功地把周敦颐的太极学说改造为一个本体论叙述，真正确立了太极的本体地位"④。这样看来，作者确实抓住了周朱之间的一个根本区别。但同时，《讲记》有时又将周敦颐的"太极"称为"太极本体"⑤、"太极之本体"⑥，这就出现了混淆、矛盾。

二、朱熹《太极图解》的"太极"范畴

关于宇宙论，《讲记》作者归纳道：

关于宇宙生成的理论主要有三种：第一，基督教神学的神创论，世界

---

① 周敦颐：《周敦颐集》，第31页。
② 方旭东：《周敦颐太极图讲记》，第218页。
③ 方旭东：《周敦颐太极图讲记》，第27页。
④ 方旭东：《周敦颐太极图讲记》，第244页。
⑤ 方旭东：《周敦颐太极图讲记》，第129、330页。
⑥ 方旭东：《周敦颐太极图讲记》，第218页。

由一个处于世界之外的"第一推动者"创造;第二,以《太极图》为代表的儒家思想,世界无须外部存在,仅凭自身就能够自我生成;第三,以《物种起源》为代表的进化论,生物由无机物而来,人类从单细胞生物经过亿万年进化而来,近于"无中生有"之说。①

这个归纳是否准确,可以讨论。其实,我们这里所说的"宇宙论"是一个哲学(包括宗教哲学)概念。因此,与之相对的概念不是科学的"宇宙论",而是哲学的"本体论"。大致来说,人类知识的发展,曾经是哲学与科学不分;后来科学从哲学中独立出来,于是,哲学中的宇宙论模式宣告终结;换言之,自此以后,对于哲学来说,宇宙论模式不再是有意义的思维,它对宇宙起源及其演化的说法基本属于"胡说";科学的"cosmology"应当译为"宇宙学"。当然,不可否认,在近代的科学宇宙论之前,哲学宇宙论的探索是具有重要意义的,它是人类在近代科学产生之前对宇宙万物的总体知识的一种根本统摄。

真正的本体论与哲学宇宙论的根本区别是:其一,"本体"(noumenon)所指的并非任何意义的有形实体(substance)(宋明理学的"本体"概念亦然)②;其二,并不存在从本体到万物的时空意义的演化(evolution);其三,与"本体"相对的范畴并不是"万物",而是"现象"(phenomenon)。在中国传统哲学中,较之"本末"模式,"体用"模式更接近本体论。

现在来看朱熹《太极图解》的"太极"概念。首先必须意识到:朱熹对"太极"的理解,与周敦颐的理解并不是一回事。《讲记》指出:朱熹解释周敦颐的《太极图说》,其实是为了"证成他自己的哲学";所以,他"主要以理校法,即按逻辑和义理来论定是非"。③ 这里的"理校"所依据的"义理",当然是朱熹自己的理学思想的"理"概念,而不是周敦颐的"理"概念。因此,绝不能像《讲记》所说,"我们可以根据朱子《太极图解》的文字及其包

---

① 方旭东:《周敦颐太极图讲记》,第330页。
② 黄玉顺:《形而上学的黎明——生活儒学视域中的"变易本体论"建构》,《湖北大学学报》,2015年第4期,第66-71页。
③ 方旭东:《周敦颐太极图讲记》,第55页。

含的义理去推定正确的图该当如何"①；换言之，根据朱熹的诠释去推定周敦颐的哲学思想，这是不能成立的。这暴露出《讲记》的另外一个矛盾。

因此，关于"太极"，正如《讲记》所说："围绕'极'字……朱子则采用了创造性的诠释，展示了他身为哲学家的理论抱负。"② 但是《讲记》又说"心学、理学的一般风格和它们各自的经典诠释方法之间没有必然联系"③，还说"朱子的《太极图解》《太极如说解》与周敦颐的《太极图》《太极图说》存在互文关系"④，这就自相矛盾了。其实，朱熹对周敦颐"太极"进行"经典诠释"，所依据的正是他自己的理学的"一般风格"，而不是周敦颐的"风格"。

例如周敦颐《通书》说："二气五行，化生万物。五殊二实，二本则一。是万为一，一实万分。"⑤ 朱熹对此的理解，《讲记》进行了很好的概括：

> 朱子关于"五殊二实"的表述，应当这样理解：因为太极是"本"，且只有一个，所以称之为"一本"。"五行"的数字为"五"，"五"比"一"多，对应于"理一分殊"的"殊"，因此"五行"被称为"五殊"；阴阳为数有二，"二"既不是"殊"，也不是"一"，朱子另想了一个词"实"来称呼，就是所谓"二实"，"二实"即"二元"。⑥

然而，朱熹是用"理一分殊"来解释。这当然不是《讲记》首倡，例如已有学者说过，"《太极图说》与《四书》道统分别侧重道统本体向度和工夫向度，二者可谓源流关系，理一分殊关系"⑦。但众所周知，"理一分殊"并不是周敦颐的思想，而是程朱理学的思想，尽管两者之间存在着一定程度的继承发展关系。这里最根本的区别是："理一分殊"并不是宇宙论的模式，而是本

---

① 方旭东：《周敦颐太极图讲记》，第 244 页。
② 方旭东：《周敦颐太极图讲记》，第 84 页。
③ 方旭东：《周敦颐太极图讲记》，第 84 页。
④ 方旭东：《周敦颐太极图讲记》，第 129 页。
⑤ 周敦颐：《周敦颐集》，第 31 页。
⑥ 方旭东：《周敦颐太极图讲记》，第 160 页。
⑦ 许家星：《经学与实理——朱子四书学研究》，北京：中国社会科学出版社，2021 年版，第 124 页。

体论的模式。

鉴于"太极"一语出自《易传》"易有太极，是生两仪……"因此，朱熹对"太极"的理解，应当以朱熹的《周易本义》为标准：

> 一每生二，自然之理也。易者，阴阳之变。太极者，其理也。……此数言者，实圣人作《易》自然之次第，有不假丝毫智力而成者。①

显然，按朱熹的理解，"太极"就是"理"。但是，这并非周敦颐的思想。此外，按《讲记》的理解，朱熹的思想是："太极是'本'，且只有一个，所以称之为'一本'"；这个"一本"就是"理一"。然而，作者认为："周敦颐的《太极图说》有非常强的把宇宙生成归到'气'的倾向"；而"朱子将周敦颐《太极图说》的'气论'、'气本论'一转而为'理论'、'理本论'"。②这样一来，朱周之间的分别就是理本论和气本论的区别了。但是，周敦颐的思想能不能归结为气本论，却是一个大可商榷的问题。

三、《易传》的"太极"范畴

周敦颐和朱熹以及整个宋明理学的"太极"，都出自《易传》。但应当指出的是：帝制儒学后期的宋明理学的"太极"概念，不仅不同于以《周易正义》为代表的帝制儒学前期的"太极"概念，更不同于《易传》本身的"太极"概念；它们属于不同时代的哲学范式。为此，有必要来看看《易传》的"太极"概念，这是"哲学史"研究的题中应有之义。《易传》原文如下：

> 易有太极，是生两仪，两仪生四象，四象生八卦，八卦定吉凶，吉凶生大业。是故法象莫大乎天地，变通莫大乎四时，悬象著明莫大乎日月，崇高莫大乎富贵；备物致用，立成器以为天下利，莫大乎圣人；探赜索

---

① 朱熹：《周易本义》，廖名春点校，北京：中华书局，2009年版，第240页。
② 方旭东：《周敦颐太极图讲记》，第177页。

隐，钩深致远，以定天下之吉凶，成天下之亹亹（wěi）者，莫大乎蓍龟……①

王弼注："夫有必始于无，故太极生两仪也。太极者，无称之称，不可得而名，取有之所极，况之太极者也。"孔颖达疏，按照"疏不破注"的原则，只是在王弼注的基础上加以发挥。但是，王弼及孔颖达的诠释，属于帝制儒学前期的哲学范式，即它既不同于帝制儒学后期的理学，也不同于属于轴心时代哲学范式的《易传》。简要分析如下：

首句"易有太极"之"易"，乃至整部《易传》之"易"，都有两层含义：有时是不带有书名号的"易"，有时是带有书名号的《易》；后者是对前者的效法，即"天地变化，圣人效之；天垂象，见吉凶，圣人象之"②；"爻也者，效此者也；象也者，像此者也"；"是故《易》者象也，象也者像也，彖者材也，爻也者效天下之动者也"③。

从上述引文看，首句之"易"应当是加书名号的《易》，所以紧接着才讲单爻的卦画"两仪"（--、—）、三爻的卦画"八卦"（☰、☷、☳、☴、☵、☲、☶、☱）。至于"四象"，众说纷纭，莫衷一是，其实应是两爻的卦画（⚌、⚏、⚎、⚍）。

但是，这样一来，"太极"就会没有着落，即不存在这样的卦画。当然，我们也可以说，太极就是阴阳、阴阳就是太极；但是，"是（太极）生两仪"之"生"就讲不通。"生"显然就是一个宇宙论的概念。

所以，"太极"并不属于带有书名号的《易》，而是不带书名号的"易"，即指易道本身。这也就是下文所说的"法象"，即《易》乃是对"易"的效法，诸如"两仪"是效法"天地"、"四象"是效法"四时"，等等。于是，"太极"显然就是天地未分的原初状态，即它不是"二"，而是"一"。这个"一"，就是一个形上的存在者。

不仅如此，实际上，"太极"作为"法象""效法"的观念，更直观的取

---

① 《周易正义·系辞上》，《十三经注疏》，北京：中华书局，1980年版，上册，第82页。
② 《周易正义·系辞上》，《十三经注疏》，上册，第82页。
③ 《周易正义·系辞下》，《十三经注疏》，上册，第86、87页。

象乃是"建房"。这是因为:"太"就是"大",上古乃是同一个字,故《说文解字》无"太"字(徐铉误以为"泰"字的古文为"太"①);"极"即栋梁,即《说文解字》所说的"极,栋也"②,段玉裁注"极者,谓屋至高之处","今俗语皆呼栋为梁也","引伸之义,凡至高至远皆谓之极"③。所谓"太极",就是房屋的那条最高的大梁。这是中国人建房的传统,开始的时候有一个重要仪式,相当于今天西方传入的"奠基"仪式,叫作"上梁",古人称之为"立极"。它被赋予哲学上的象征意义,也叫"立极",又叫"建极":宇宙的最高本体,就是"太极";人间的最高权力,就是"皇极"④;人道的最高原则,则是周敦颐《太极图说》讲的"人极"⑤。⑥

这其实是中西相通的形而上学观念,中国哲学谓之"立极",西方哲学谓之"奠基",两者都是建房的第一仪式。但中国哲学的"立极"观念是自上而下的,从最高的大梁开始;而西方哲学的"奠基"观念是自下而上的,从最低的地基开始。

更根本的区别是:西方的"奠基"不是宇宙论的观念,而是本体论的观念。西方"奠基"观念始于康德,他说:"人类理性非常爱好建设,不只一次地把一座塔建成了以后又拆掉,以便察看一下地基情况如何。"⑦ 后来胡塞尔(Edmund Husserl)明确地给出了"奠基"的定义:"如果一个 α 本身本质规律性地只能在一个与 μ 相联结的广泛统一之中存在,那么我们就要说:一个 α 本身需要由一个 μ 来奠基。"⑧ 注意:这里所说的并非宇宙论模式的那种时空

---

① 许慎:《说文解字·水部》,北京:中华书局,1963年版,第237页。
② 许慎:《说文解字·木部》,第120页。
③ 段玉裁:《说文解字注·木部》,上海:上海古籍出版社,1988年第2版,第253页。
④ 《尚书·洪范》,《十三经注疏》,第189页。
⑤ 周敦颐:《周敦颐集》,第6页。
⑥ 陈春桂:《"奠基"与"立极"——"生活儒学"视域下的中西哲学比较》,《当代儒学》第19辑,成都:四川人民出版社,2021年版,第173-196页。
⑦ 康德:《任何一种能够作为科学出现的未来形而上学导论》,庞景仁译,北京:商务印书馆,1978年版,第4页。
⑧ 胡塞尔:《逻辑研究》,第二卷第一部分,倪梁康译,上海:上海译文出版社,1998年版,第285页。

经验上的优先性，或逻辑前提上的优先性，而是"存在"上的优先性。① 这显然就是一个本体论观念。

然而《易传》的"太极"却是时空经验上的优先性。由此可见，《易传》的"太极"并非朱熹理学的本体论范式，而是一种宇宙论范式。不仅如此，《易传》这种宇宙论范式也不同于周敦颐的宇宙论范式，这同样是显而易见的，这里就不展开了。

四、"太极"观念的当代哲学省思

以上三节，都属于"哲学史"的话题；现在谈谈"哲学"的问题，即：对于中国哲学的现代转化发展来说，"太极"概念还有什么意义？当然，这已经超出了《讲记》的论题，因为作者的意旨并不是对"太极"进行当代哲学的省思。

前引王弼注《易传》说："夫有必始于无，故太极生两仪也。太极者，无称之称，不可得而名，取有之所极，况之太极者也。"紧接着，孔颖达引何氏之说："上篇明无，故曰'易有太极'，太极即无也"；"下篇明几，从无入有，故云'知几其神乎'"。② 这是将"太极"视为"无"，明显来自《老子》的"天下万物生于有，有生于无"③。这是"太极"范畴的本体论化，尽管《老子》之所谓"无"未必是一个本体论概念。

这里的问题是：何谓"无"？实际上，不论中国还是西方，哲学史上的所谓"无"都具有截然不同的两类观念：

一类是标志某种"存在者"的"无"观念，即指形上存在者，即《易传》所谓"形而上者"④。形上存在者，包括"太极"，之所以可以称之为"无"，

---

① 黄玉顺：《形而上学的奠基问题——儒学视域中的海德格尔及其所解释的康德哲学》，《四川大学学报》（哲学社会科学版），2004年第2期，第36-45页；《儒学与生活：民族性与现代性问题——作为儒学复兴的一种探索的生活儒学》，《人文杂志》，2007年第4期，第14-19页；《爱的观念：儒学的奠基性观念——儒学与现象学比较研究》，《求是学刊》，2008年第4期，第11-19页。
② 《周易正义·系辞上》，《十三经注疏》，上册，第75页。
③ 《老子》第四十章，楼宇烈：《王弼集校释》，北京：中华书局，1980年版，第110页。
④ 《周易正义·系辞上》，《十三经注疏》，上册，第83页。

并不是说它"空无",而只是说它的内涵尚未展开。唯其如此,它是不可定义的。西方哲学亦然,例如黑格尔所说的"纯有即无",即:"开端就是纯有";然而由于这个"有、纯有,——没有任何更进一步的规定",因此,"有、这个无规定性的直接的东西,实际上就是无"。① 这个"纯有"即"无",实际上指黑格尔那里的那个内在规定性尚未展开的"绝对观念"②,而它"正是作为所有存在者的最后根据的存在者整体"③。这倒类似于朱熹对"太极"与"无极"的理解:"上天之载,无声无臭,而实造化之枢纽,品汇之根柢也。故曰:'无极而太极。'非太极之外,复有无极也。"④ 这就是说,两者是同一个东西,只是"太极"谓其至高无上,而"无极"则谓其尚未展开。总之,"太极"是一个存在者观念。

而另一类则是标志"存在"的"无"观念。它之所谓为"无",同样不可定义,并不是说它是一个内涵尚未展开的形上存在者,而是说它根本不是任何"存在者",而是"前存在者"的"存在"⑤。这涉及海德格尔(Martin Heidegger)提出的"存在论区分"(der ontologische Unterschied),即"存在"与"存在者"的区分。尽管海德格尔的"存在"(Sein、Being)观念还有"不彻底性"⑥,但这个区分是十分重要的,超越了轴心时代以来的本体论形上学传统。宋明理学不承认这种意义的"无",是因为他们还不具有"存在论区分"的观念。张载就是一个典型,他说:"气聚则离明得施而有形,气不聚则离明不得施而无形";"知太虚即气,则无无"。⑦

然而,按照当代哲学"存在论区分"的思想,不论是宇宙论模式还是本体论模式的"太极"和"无极"观念,都是应当予以解构的。当然,所谓

---

① 黑格尔:《逻辑学》,上卷,北京:商务印书馆,1966 年第 1 版,第 54 页。
② 黑格尔:《精神现象学》,贺麟、王玖兴译,北京:商务印书馆,1979 年第 2 版,第 15 页。
③ 海德格尔:《面向思的事情》,陈小文、孙周兴译,北京:商务印书馆,1999 年第 2 版,第 68 页;黄玉顺:《复归生活、重建儒学——儒学与现象学比较研究纲领》,《人文杂志》,2005 年第 6 期,第 27-35 页。
④ 周敦颐:《周敦颐集》,第 3 页。
⑤ 黄玉顺:《如何获得新生?——再论"前主体性"概念》,《吉林师范大学学报》(人文社会科学版),2021 年第 2 期。
⑥ 黄玉顺:《生活儒学关键词语之诠释与翻译》,《现代哲学》,2012 年第 1 期,第 116-122 页。
⑦ 张载:《正蒙·太和篇》,《张载集》,北京:中华书局,1978 年版,第 8 页。

"解构"（deconstruction）并不是简单化的抛弃，而是由"还原"而"重构"。①

据此，前引《讲记》所说的"以《太极图》为代表的儒家思想，世界无须外部存在，仅凭自身就能够自我生成"，而且并非"无中生有"，即属于上述第一类"太极"观念，也就是形上存在者的观念。这里，《讲记》存在着两个值得商榷的观念：一是没有区分"存在"与"存在者"；二是简单地否定了"存在即无"的观念。

由此可见，对于当代及未来的中国哲学来说，如果仍然要使用"太极"这个词语，就必须有一个明确的意识：它是一个"形而上者"、存在者化的概念，即是一个有待奠基的观念。前面说过，康德最早提出"奠基"观念；胡塞尔则给出了一个经典的定义。但胡塞尔的"奠基"观念还是存在者化的，他那里的原初的终极奠基者是某种绝对主体的纯粹先验意识的意向性（Noesis）。海德格尔才突破这种存在者化的"奠基"观念，即以"基础存在论"来为传统本体论奠基。当然，他的"奠基"观念仍然是不够彻底的，因为他实际上是用"此在"（Dasein）的生存来为一切奠基，然而"此在是一种存在者"②。

同时，假如仍然要使用"无极"这个词语，也必须有一个明确的意识：如果说"太极"所指的是作为"有"的"形上存在者"，那么，"无极"所指的就应当是作为"无"的"存在"。这就必须放弃周敦颐和朱熹"无极而太极"的观念，即必须明确"无极"与"太极"不是一回事。用《老子》"万物生于有，有生于无"的说法，那么，"万物"是众多的形下存在者；"有"是唯一的形上存在者，即"太极"；而"无"则是前存在者的存在，即"无极"。

---

① 黄玉顺：《"生活儒学"导论》，载《原道》第十辑，陈明主编，北京：北京大学出版社，2005年版，第95－112页；《神圣超越的哲学重建——〈周易〉与现象学的启示》，《周易研究》，2020年第2期，第17－28页。
② 海德格尔：《存在与时间》，陈嘉映、王庆节译，北京：生活·读书·新知三联书店，1999年版，第14页。

方旭东新著《周敦颐太极图讲记》评析

孙宝山[*]

2019年8月30日，我参加了方旭东教授的《新儒学义理要诠》新书座谈会并做了发言。2022年1月，旭东教授出版了《儒道思想与现代社会》，我为该书撰写了书评。2023年7月，旭东教授又在法国巴黎出版了《周敦颐太极图讲记》，四年出版了三部著作，大有追赶陈来老师的态势。

旭东教授新著《周敦颐太极图讲记》最突出的特点在于《图》与《说》并重、象数与义理合璧。学界以往对《太极图》重视不够，详于《说》而弱于《图》，有的学者甚至认为已经有了《太极图说》，《太极图》就变得可有可无了。旭东教授花费了很多时间和工夫去搜集《太极图》的各种版本并加以细致的考证，指出最早的宋刻本《元公周先生濂溪集》中的太极图存在两点错误：一是第三层"五行"部分，被画成了带有一点正方形感觉的图；二是五行圆圈之间的连线，少画了一道。他还着重指出了"理学丛书"点校本《周敦颐集》卷一和点校本《朱子全书》第十三册《太极图说解》存在不符合朱子《太极解义》定本原貌的讹误：

其一是朱子《太极图解》的插图，或因底本、参校本后出，传刻致误而点校者不辨，或因个别图案本来指代不同，尺寸大小或形状勾画之别又过于细微而点校者未识，造成与朱子原本相异；其二是朱子《太极解义》的文本，或原有小注而点校本未录，或因底本、参校本中存在非朱子原本、恐为后人所改的字句，点校本未能辨别而照录。这些成果非常具有学术价值，对今后重新

---

[*] 作者简介：孙宝山，中央民族大学哲学与宗教学学院教授，研究领域为儒家哲学。

整理出版《周敦颐集》和《朱子全书》都会起到勘误的作用。在精密考辨的基础上，他提出《太极图》的五层其实是周敦颐为了分析太极本体而画出来的，每个图都各有侧重，五层图不应理解为是先后的阶段，而应是逻辑分析的不同层次，《太极图》的每一层图都包含了太极，五层图是共时性的、同时存在的，之所以命名为"太极图"，是因为图所围绕的中心是太极。这就改变了以往以宇宙论理解周敦颐太极理论的定式，《太极图》已经蕴含有本体论的意义，只是隐而未发，经过朱子的阐发才完全展现出来。

关于《太极图》与《太极图说》，旭东教授多次提到二者之间存在着"断裂"：《太极图》主要讲天道，《太极图说》前五章是对《太极图》的文字性再说明，第六章到第十章才是它的重点，主要讲人道，这部分内容是《太极图》未能表现出来的。这种"断裂"实际上意味着《太极图说》的后半部分即人道部分已经脱离了《太极图》，是周敦颐的独自发挥，也是其最具创造性的精彩之处。《太极图》到底出自何家并不重要，它只是激发了周敦颐的灵感，使他由天道而悟出了人道，由太极而建立了人极。如果是仅仅谈论天道，周敦颐就不会有那么高的地位，他说的这一套理论前人都有过探讨，董仲舒就曾提出："天地之气，合而为一，分为阴阳，判为四时，列为五行。"（《春秋繁露·五行相生》）其天道论的基本架构是一气→阴阳→四时→五行即一二四五，而周敦颐天道论的基本架构是太极→阴阳→五行→四时即一二五四，只不过将次序由"四五"调整为"五四"。周敦颐能成为理学鼻祖的原因并不在于他的天道论，即学界通常所认为的建立了以太极为最高范畴的宇宙论体系，而在于他从天道论顺势推演出了人道论，由太极而建立起了人极，并进而提出了"主静"的工夫论，使"圣可学"（《通书·圣学第二十》）成为一种切实的可能。当然，人极部分是没有图的，直到明末刘宗周才画出《人极图》，并作《人极图说》。刘宗周最尊崇的宋明先贤就是周敦颐，他所画的《人极图》是照着《太极图》来的，只是略加改动而已，并不是接着《太极图》来的。至于《人极图说》则是依照《太极图说》来阐释心性的，实际上《人极图》的有无是无伤大体的。从这里可以看出，《人极图》并不是必需的，《太极图》也只是启发了周敦颐的思维，为他提供了发挥的由头，其真正的创造性体现在人极部分，而《通书》就是侧重谈人极的，可以说是对《太极图说》的进一步展开。

旭东教授此书采用的基本方法是"以朱证周",即从朱子《太极图解》当中寻求周子《太极图》之标准样式的内证。《太极图》流传版本众多,何为标准样式,一直是困扰学界的一大难题。朱子的《太极图解》是把周敦颐的《太极图》化整为零地拆成一个个图形加以解说的,通过将朱子《太极图解》当中的分散诸图合并,就可以得到完整的《太极图》的本来面目,这无疑是一个非常富有创见的新思路,此书的突破性也正源于这一方法的创新。"以朱证周"主要是就《太极图》而言的,但在义理的解说方面,此书很多也采用了朱子的解释,与《通书》的结合不太紧密,"以周证周"显得不足。如关于"五性感动而善恶分"中"五性"的解释,书中说:"这句话当中的'五性',与前文的'五行'、'五气'相对应,其实就是'五德',即仁、义、礼、智、信,后来又被称为'五常'。"[①] 这实际上是采用了朱子的解释:"五常之性,感物而动。"(《太极图说·朱熹解》)周敦颐在《通书》中对"性"有明确的解释:"性者,刚、柔、善、恶、中而已矣。""刚善为义、为直、为断、为严毅、为干固,恶为猛、为隘、为强梁。柔善为慈、为顺、为巽,恶为懦弱、为无断、为邪佞。惟中也者,和也,中节也,天下之达道也,圣人之事也。故圣人立教,俾人自易其恶,自至其中而止矣。"(《通书·师第七》)他将"德"释为仁、义、礼、智、信即五常:"德,爱曰仁,宜曰义,理曰礼,通曰智,守曰信。"(《通书·诚几德第三》)结合《通书》可知,《太极图说》的"五性"并非朱子所说的"五常"即仁、义、礼、智、信,而是指刚、柔、善、恶、中,周敦颐认为刚善、刚恶、柔善、柔恶皆有所偏都不好,只有达到中才得其正是好的,他说:"刚善刚恶,柔亦如之,中焉止矣。"(《通书·理性命第二十二》)把"五性感动"解释为刚、柔、善、恶、中的表现,才能与下面的"而善恶分"连贯起来,并与接下来的"圣人定之以中正仁义而主静"相符合。如果把"五性感动"解释为仁、义、礼、智、信的表现的话,下面的"而善恶分"就很难理解了,"五常之性"的表现怎么会出现善恶之分呢?朱子用"而阳善、阴恶,又以类分"来解释就更令人费解了。关于周敦颐以太

[①] 方旭东:《周敦颐太极图讲记》,法国:巴黎友丰书店,2023年,第48—49页。

极为本体的理论模式问题历来争讼不已，旭东教授认为《太极图说》有非常强的把宇宙生成归到"气"的倾向，气论的成分非常明显，它明确五行、万物都可以归到太极，又暗示太极和阴阳、五行都是气，但是朱子作《太极图说解》，很大的贡献或用意，就是把气论扭转到道论或"理论"，将周敦颐《太极图说》的"气本论"一转而为"理本论"。如果根据《太极图说》，周敦颐太极本体论的气本论色彩的确非常浓厚，但是如果联系《通书》以"诚"为中心的理论模式，理本论也自有其来源，这里的核心问题就是如何理解太极。如果将《太极图说》与《通书》结合起来，是否可以更为大胆地说太极是气的存在，具有"诚"的性质。这样的话，以"理"解"太极"即"以朱解周"所导致的理有动静、理生气等许多纠缠不清的问题都可以迎刃而解。

无极与太极的问题也是历来争论的焦点，旭东教授根据表述相似模式和版本调查提出了一个很不正统的看法："既然'五行，一阴阳也；阴阳，一太极也'可以理解为：五行是从阴阳变化而来的，阴阳是从太极变化而来的。那么，'太极本无极'，按照相似的模式去理解，就应该是：太极是由无极变化而来的。这个意思实际上就是在说'无极而生太极'。"① "'自无极而为太极'应该是'无极而生太极'的一种传走样了的版本。我个人的意见倾向，周敦颐原文应作'无极而生太极'。当然，如果真是这样，那么，周敦颐和朱子的差异就非常大了。"② 《太极图说》的首句存在版本的差异，朱子所认同的"无极而太极"在表述上显得有些别扭，"自无极而为太极"也有些模糊不清，"无极而生太极"最为清晰明快，但很明显落入了道家"无生有"的窠臼。这些不同版本的差异，到底是周敦颐自己所作的修改，还是后人整理刊刻时所作的改窜，到了朱子的时候就已经无法确定了。我认为这些差异的产生很可能反映了周敦颐在撰写《太极图说》时面对"无极"与"太极"这一关键问题的犹疑不定，但到了撰写《通书》时就很明确了，太极就是最高的存在，无极这一提法甚至被放弃了，只有像"混兮辟兮，其无穷兮"（《通书·动静第十六》）这样对太极所作的描述。无论"无极而生太极"最初是否出自周敦颐本人，如果结合《通书》，这都不能说是其最终的定见。

---

① 方旭东：《周敦颐太极图讲记》，第269-270页。
② 方旭东：《周敦颐太极图讲记》，第270页。

旭东教授在书中还特别提到汉学训练的问题，认为"治中国哲学史，汉学的训练不可缺"[1]，并慨叹现在众多研究者缺乏基本的汉学训练，这导致大量中国哲学史的研究成果始终在一种低水平的层次上重复，而很多大学都没有开设"中国哲学史料学"的课程，现在北大好像也没有这个课了，想在哲学系里面稍微弥补一下汉学的训练都做不到。其实，由朱谦之、冯友兰等开创的《中国哲学史史料学》基本上属于中国历代哲学史料介绍性质，并不会起到多少汉学训练的作用。汉学方法需要悉心学习、长期运用才能掌握纯熟，不是靠上一二门课就能解决的。也许有人会提出疑问，对于从事中国哲学研究的人，汉学训练真有这么重要吗？不是有创新从误读开始之说吗？旭东教授从他极为重视的版本问题对此予以了解答："如果你的兴趣是做某种哲学研究，这些问题是可以不考虑。"[2]"中国受到现象学研究影响的很多学者，认为他看到的中国古代哲学家，都在讨论'存在'或者所谓的'生存论'：王阳明是这样，王船山也是这样。所以，对他们来说，王船山《读四书大全》前后不同版本之间的差异是没有意义的，因为他们本来就不 care 这些事。实际上，他们研究王船山也好，研究张载也好，研究孔、孟也好，其实差不多都是在'自说自话'。"[3]"具体的哲学家，船山也好、张载也好，其实都是一回事；因为他感兴趣的更多是文本向他呈现出来的哲学的意涵，尤其是从他自己的某种哲学观点出发所看到的东西——他可能把所有的文本都按这种哲学观点加以解读。"[4]"但是，假如你的目标是研究某位哲学家，比如，讨论王船山的思想，而不是某一种哲学"，"假如你更关心：王船山的这句话到底是什么意思？或者，王船山为什么会这样说？那你可能就要先从版本开始了"。[5] 旭东教授在这里对哲学研究与哲学家研究的方法加以了区分，如果是基于某种哲学观来对文本进行解读，那么版本问题无足轻重；如果是对某位哲学家的思想进行研究、对其文本进行精密解读，那么版本问题至关重要。像黄宗羲的《明儒学案》也存

---

[1] 方旭东：《周敦颐太极图讲记》，第 1 页。
[2] 方旭东：《周敦颐太极图讲记》，第 15 页。
[3] 方旭东：《周敦颐太极图讲记》，第 15 页。
[4] 方旭东：《周敦颐太极图讲记》，第 15 页。
[5] 方旭东：《周敦颐太极图讲记》，第 15、16 页。

在异本问题，《序》中关键一句话就有"心无本体，工夫所至，即其本体"[①]和"心无本体，功力所至，即其本体"[②]的差异，"心无本体，工夫所至，即其本体"是出自编排刊刻者的改窜，"心无本体，功力所至，即其本体"才是黄宗羲的原文，而现在大多数研究者对于版本未加细究，以"心无本体，工夫所至，即其本体"对黄宗羲思想进行评价，造成了很大的误解。目前，学界大多从事的是哲学家研究而非哲学研究，要想取得高水平的出色成果，像版本、校勘、考证之类的汉学训练是不可或缺的。旭东教授出自清代考据学盛行的安徽，又得陈来先生亲炙，汉学方法运用自如，宋学方法得心应手。此书既体现了其扎实的汉学功底，同时也洋溢着宋学精神，可以说是汉学与宋学结合的上乘佳作。

四年前，我在旭东教授的《新儒学义理要诠》新书座谈会上特别指出，该书将生命体验融入儒学义理的阐发当中，并非仅仅是进行学理探讨的等闲之作，并期待今后能有不受现今学术论文呆板模式限制、更加灵活多样、富有实感的著作问世。不知旭东教授是不是接受了我的建议，此后两部著作《儒道思想与现代社会》《周敦颐太极图讲记》的视野和风格都发生了很大变化，与一般的学术著作迥然不同。这两本书都是在课堂讲义的基础上完成的，作者的论述清晰明了、生动活泼，就像面对大众讲课一样，绝无通常学术著作的晦涩难懂，并且穿插师生课堂谈论，有如古代儒者给弟子讲学一般，这是对孔孟、程朱、陆王等圣贤传道授业方式的很好的继承和发展。记得 2002 年，台湾大学特聘讲座教授黄俊杰先生出版了大著《深扣孔孟》，在付梓前，黄先生发来"目次"及"自序"，有幸率先拜阅。此书也是在通识课程讲稿的基础上经过增删修订而成，正所谓"人同此心，心同此理"，希望今后能有更多像这样灵活多样、富有实感、化故为新的佳作问世。

[①] 黄宗羲：《明儒学案·自序》，《黄宗羲全集》第七册，杭州：浙江古籍出版社，2004 年，第 3 页。

[②] 黄宗羲：《明儒学案序》，《黄宗羲全集》第十册，第 77 页。

当代儒学观察家

DANGDAI RUXUE GUANCHAJIA

"当代儒学情感转向问题反思"工作坊述要

徐 玲[*]

2023年6月29日，《当代儒学》编辑部成功举办了"当代儒学情感转向问题反思"工作坊，来自山东大学、南京大学、兰州大学、南京航空航天大学、四川师范大学、安徽师范大学、广西师范大学等多所高校的学者与会发言，山东大学儒学高等研究院部分博士生、研究生参与了讨论。

工作坊伊始，山东大学黄玉顺教授做了题为"当代儒学情感转向的十大问题"的主旨发言。他提出，当代儒学理论已经形成了一股明显的情感转向趋势，其中尤以"情理学派"为代表；目前亟须通过反思其中暴露出来的理论问题，推动当代儒学情感转向的进一步发展与深化。这十大问题是：（1）关于情感与存在的问题，包括情感与"事情"、情感与"生活"的关系问题，即怎样阐明情感是一个"前存在者""前主体性"的观念；（2）情感与心灵的问题，即怎样阐明主体的心灵亦是由情感所给出的；（3）情感与理性的问题，即怎样阐明理性并非情感之外的东西，而是情感本身的"情理"；（4）情感与知识的问题，即怎样阐明认知活动本质上也是情感活动；（5）情感与意志的问题，即怎样阐明意志亦是情感的一种继起形式；（6）情感与自由的问题，即怎样阐明自由问题终究是"情感自由"的问题；（7）情感与道德的问题，或者说情感与伦理的关系问题，亦即"情与礼"的问题，即怎样保证前存在者的价值中性的情感也能导向正面的伦理道德建构；（8）情感与审美的问题，或情感与美学的问题，即怎样阐明情与美并不是并列于知与真、意与善的观

---

[*] 作者简介：徐玲，山东大学儒学高等研究院博士研究生。

念,而是后者的起源;(9)情感与超越的问题,即怎么阐明外在超凡者也是由情感所给出的;(10)情感与诠释的问题,即怎样阐明一切诠释活动都是情感活动。

第一场学者发言,由胡骄键老师主持。四川师范大学李慧子老师的发言《儒学重情还是重心》,涉及两个问题:一是心与情的关系问题,二是戴震的大共情与心的关系问题。安徽师范大学刘宏老师的发言《情与理的辨证》,强调情理学派所言的"情理"不同于宋明理学,已然超越形上形下的分疏,而是存在论层级的观念。南京大学李海超老师的发言《面向当下生活体验的情感儒学研究》,立足心灵儒学,面对当下生活的实际问题,对情感做出了进一步的细分,并探讨了当代人心灵危机背后的原因。兰州大学杨虎老师的发言《情感领悟如何为诸情感活动奠基》,指出本源性的情感领悟是情境不二的,探讨情感领悟对诸情感活动的奠基意义。

第二场学者发言由李海超老师主持。南京航空航天大学胡骄键老师的发言《儒家为仁之方的现代转化》,关注在现代社会的生活实践中如何爱人,他提出了四项原则,即不伤害、尊重、关注和回应。广西师范大学赵立庆老师的发言《论康德的敬重》,涉及情感自由是如何可能的、敬重情感起什么作用、敬重是否能达到情感的自律等问题。南京大学张小星老师的发言《儒家"情感诠释学"何以可能?——当代儒学"情感论转向"的方法论反思》,旨在阐明一切诠释都是情感诠释,并指出在情感诠释的活动中产生新的主体是"情感诠释学"所要解决的重要问题。山东大学郭萍老师的发言《当代儒学情感转向的主体性困限》,指出尽管生活情境中的感触是情境不二的,但是我与情境"不分"不等于"不二""同一";任何领会都源于不同个人生活经历之前见的领会,因此任何人的领会都不具有普遍一般性,每个人需要承认自身领会感悟的有限性,才能以开放的态度与差异甚至对立的观点进行对话并相互借鉴。

在讨论环节,与会学者与博士生吴多键,研究生张震宇、王一川等就上述发言内容所提出的深刻问题进行了热烈的讨论。通过本次工作坊的交流,与会者对当代儒学情感转向的理论问题有了更明确的认识,为进一步思考奠定了基础。

征稿启事

本刊《当代儒学》是四川思想家研究中心主办的儒家思想理论辑刊，每年出版两辑。

近些年来，儒学研究的刊物纷纷涌现。但是，这些刊物的内容，往往是对传统"儒学史"的某种对象化的所谓"客观"研究，在这种研究中，儒家儒学成了"历史上的"东西，即"故纸堆里的""博物馆里的"东西，而与当代社会现实生活无关。

有别于此，本刊所称的"当代儒学"，是指的改革开放以来尤其是21世纪以来的儒学复兴中所出现的新的儒家思想创造、新的儒学理论形态，这些思想理论的探索，旨在回应当今时代的呼唤、解决当今社会的问题。

本刊宗旨：通过对当代儒学的研究与评介，推动儒学复兴、中华文化复兴的伟大事业。因此，本刊的着眼之点，乃在于儒家的"活的思想"，意在推进当代儒学的思想原创、理论建构，推出当代儒学的重要学派、代表人物。

栏目设置：

● 当代儒家思想探索：具有原创性的当代儒家思想者，可推出他们最新的思想创获。

● 当代儒家理论建构：研究与评介当代儒家具有原创性的理论学说。

● 当代儒家学派评介：组织有关稿件，对当代儒家的学派进行研究或评介。

● 当代儒家文献研究：评介当代儒家著述中有可能在将来成为经典文献的重要作品。

● 当代儒学观察家：观察与评介当代儒学复兴中的最新活动、动向。

● 当代儒家访谈录：组织对当代儒家中的名儒、大儒的访谈。

● "××××"专题研究：本刊每一辑都将推出一些特定栏目，专题讨论当代儒学中的热点问题和重大问题。

凡在本刊发表的文章，并不代表本刊的立场、观点，作者文责自负，本刊只是提供一个研究、讨论、交流的平台。热忱欢迎广大作者惠赐稿件！

投稿要求：

1. 稿件篇幅以1万—1.5万字为宜，特殊稿件例外。

2. 来稿请用A4纸张、Word文件格式。文章标题用2号黑体字，副标题用4号仿宋体字；作者署名用4号楷体字；正文用5号宋体字；独立段落的引文用5号仿宋体字；一级标题用4号楷体字，二级标题用小4号黑体字。

3. 来稿请撰写摘要、关键词、英文标题，并附作者简介及联系方式。

4. 注释一律采用页下脚注形式。

5. 参考文献：古籍采用随文夹注形式（《书名·篇名》），在文中第一次出现时以脚注形式注明该书的版本信息；其余文献采用脚注形式，格式如下。

（1）图书：作者/编者：《书名》，出版地：出版社，出版年份，版次，页码（第*页）。

（2）期刊：作者：《文章标题》，《刊名》，××××年第×期。

（3）报纸：作者：《文章标题》，《报纸名称》出版年月日。

（4）网络文章：作者：《文章标题》，网名，英文网址。

著作权使用许可声明：本刊已许可中国知网以数字化方式复制、汇编、发行、信息网络传播本刊全文。本刊支付的稿酬已包含中国知网著作权使用费，所有署名作者向本刊提交文章发表之行为视为同意上述声明。如有异议，请在投稿时说明，本刊将按作者说明处理。

投稿邮箱：dangdairuxue@163.com

《当代儒学》编辑部